认识我们的身体
神奇的大脑与神经

［俄］维亚切斯拉夫·杜贝宁 著
［俄］伊戈尔·谢尔盖耶夫
［俄］佩尔什娜 绘
代天骄 译

中国画报出版社·北京

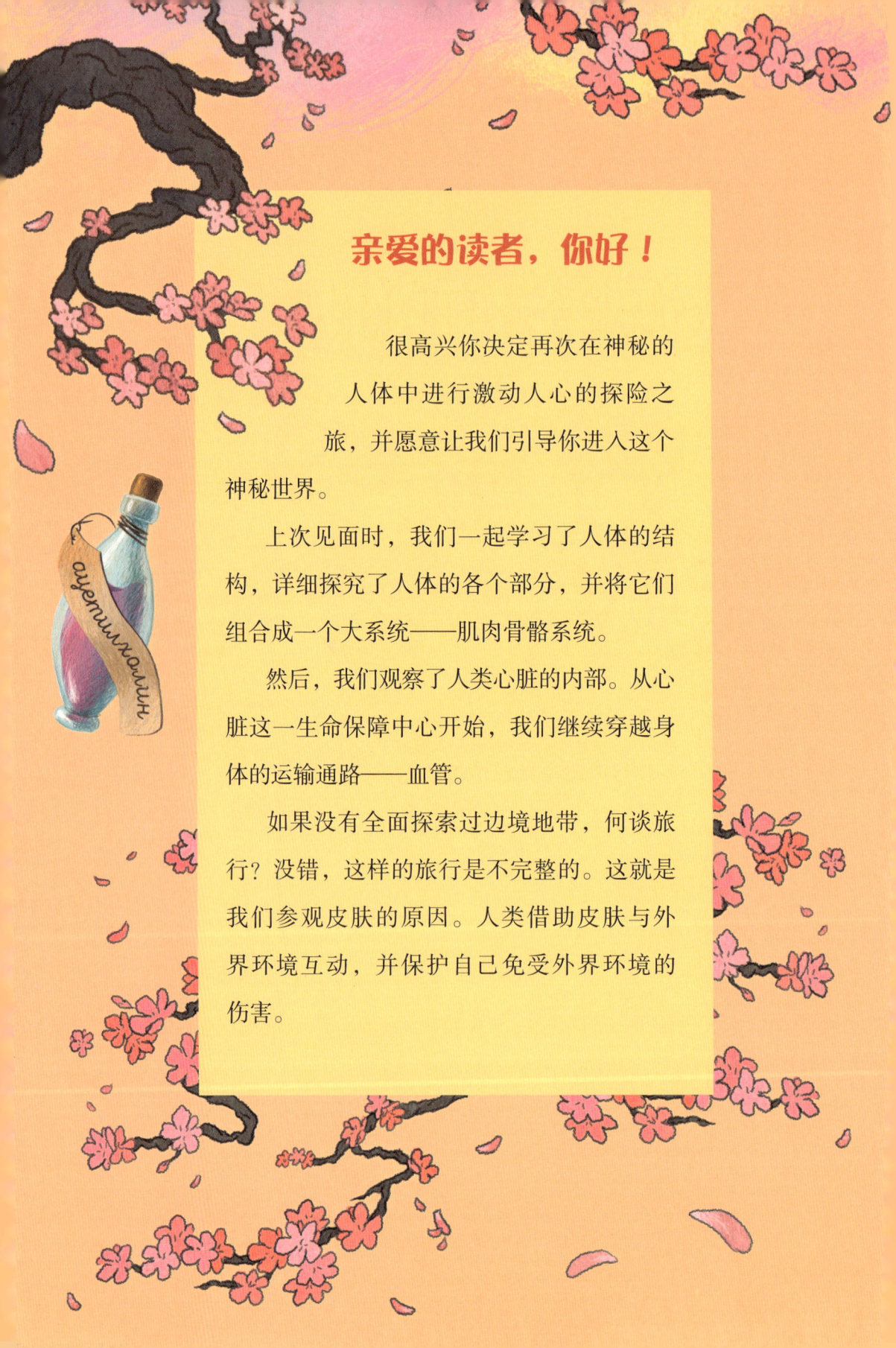

亲爱的读者，你好！

很高兴你决定再次在神秘的人体中进行激动人心的探险之旅，并愿意让我们引导你进入这个神秘世界。

上次见面时，我们一起学习了人体的结构，详细探究了人体的各个部分，并将它们组合成一个大系统——肌肉骨骼系统。

然后，我们观察了人类心脏的内部。从心脏这一生命保障中心开始，我们继续穿越身体的运输通路——血管。

如果没有全面探索过边境地带，何谈旅行？没错，这样的旅行是不完整的。这就是我们参观皮肤的原因。人类借助皮肤与外界环境互动，并保护自己免受外界环境的伤害。

　　我们还认识了人体的各种细胞系统和激素，它们是将信息传播到全身的化学介质。

　　我们也不忘介绍消化系统和排泄系统，并一起随着气流遨游呼吸系统。

　　在旅程的最后，我们见到了保护人体免受传染源侵害的安全系统——免疫系统。

　　参观结束时，我们问大家："谁控制着人体的所有系统？"你或许很快就能找到正确答案——当然是神经系统和大脑控制着我们的整个身体。现在，就让我们来看看它们是如何做到这一点的吧。

目录

神经系统的功能 6
　神经系统的组成部分 6
　大脑中谁最聪明？ 10
　战斗还是休息？ 12

反射的原理 14
　什么是反射？ 18

神经组织的构成 20
　神经元——神经系统的基本细胞 23

兴奋性和传导性——神经元的主要特性 29
　我们大脑中的电波 30
　兴奋性和传导性是神经元的主要特性 32

神经纤维传导 38

突触的信号传递 43
　神经元如何做出决定 48

脊髓 52

脊髓反射 64
　脊髓反射弧 72

大脑 76

延髓 ……………………………… 85

小脑 ……………………………… 88

在神经科科室 ………………………………… 92

瓦罗里奥桥 …………………………… 98

中脑 ……………………… 100

间脑 ……………………… 104

端脑 ……………………… 111

高级心理机能 …………… 120

自主神经系统 ………………………… 122

感受器和感官的多样性 …………… 132

视觉系统 ……………………… 136

听觉系统和平衡系统 ……………… 148

味觉系统 ……………………… 158

嗅觉系统 ……………………… 166

触觉——肌肉骨骼的感觉 ………… 170

痛觉系统 ……………………… 173

结语 ………………………… 182

神经系统的功能

神经系统的组成部分

我们在日常生活中经常谈论身体的各个系统,其中最常提到的就是神经系统。我们总说,爸爸"头脑冷静",妈妈"心平气和",而你自己则经常"心神不宁"。我们觉得健谈的朋友"头脑活络",各种广告和宣传"扰乱大脑",数学奥赛让人"绞尽脑汁"。

太可怕了!
我的大脑已经很闹腾了,你还给它下指令!

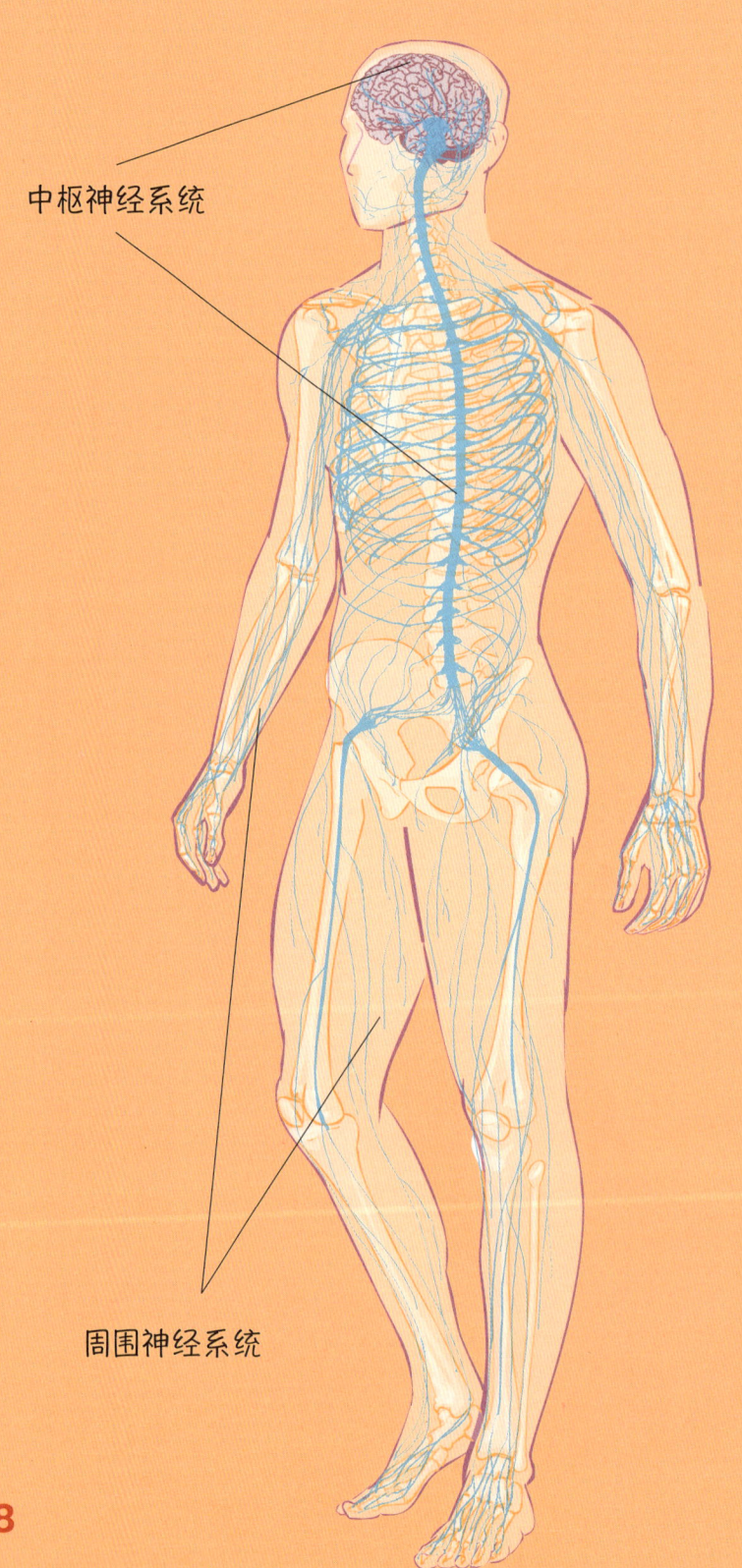

神经系统控制和调节人体几乎所有器官和系统的工作，人体对环境做出反应也少不了神经系统的参与。神经系统与内分泌系统共同维持人体内部环境的稳定。

在解剖学层面，神经系统分为<u>中枢神经系统</u>和<u>周围神经系统</u>。中枢神经系统包括脊髓和大脑，而周围神经系统包括神经干、神经节和神经丛。

根据功能不同，我们可以把神经系统分为躯体神经系统（即动物神经系统）和自主神经系统（即植物神经系统）。每个系统都有中枢部分和外围部分。躯体神经系统连接机体与外部环境，调节骨骼肌的感觉和运动功能，而自主神经系统通过调节平滑肌、心肌和腺体来控制内脏。

大脑中谁最聪明？

躯体神经系统的最高控制中心是大脑皮层，这是大脑中最年轻、最"聪明"的部分。躯体神经系统可以通过意识控制人体，比如我们可以随意抬起或放下手，迈出脚，活动舌头。下意识的动作也能通过躯体神经系统来完成，比如手碰到热熨斗的时候不用多想就会自觉挪开，还有呼吸和保持静止。

你睡觉时，或者因中暑、中风而失去意识的时候，你的身体功能不会受到影响。

自主神经系统的高级控制中枢位于间脑，准确来说是下丘脑。自主神经系统的工作不受意识控制，比如我们不能随意加强胃壁的收缩、肠道的蠕动，或者改变血管的直径。事实证明，我们的机体并不相信意识能够控制生命系统，所以才用一种更精确的自动方式运行和控制它们。

战斗还是休息?

自主神经系统分为两个部分:交感神经和副交感神经。它们在解剖结构、神经元的化学组成和调节作用等方面各不相同。大多数内脏器官同时受自主神经系统的交感和副交感两部分控制,而这两部分的作用常常是相互拮(jié)抗的。

自主神经系统中的**交感神经**会激发机体做出"战斗或逃跑"类型的反应。这时我们会心跳加快，血压升高，支气管扩张且肺通气量增加，肌肉血管扩张，肠道血管收缩，胃肠蠕动也会受到抑制。就像要坐飞机去度假，结果快要赶不上航班，手提行李箱迅速跑向登机口时的反应。

自主神经系统的**副交感神经**使人体做出"休息和恢复"类型的反应，可以降低心率，收缩支气管和瞳孔，加快胃肠蠕动。就像顺利赶上了飞机并到达目的地，躺在海边的棕榈树下，身心放松，享受完美假期的感觉。

反射的原理

所有生物，包括单细胞生物和植物，都会对外界刺激做出反应。这种特性被称为应激性。不过，只有神经细胞参与的反应才被称为反射。在没有神经系统的植物中，这种反应被称为"向性"或"趋性"。

反射机制是神经系统最基本的活动形式。其本质是大脑和整个机体对外界或内部的各种刺激、信号所做出的反应。

植物的向地性示例

重力的方向

根有正向地性

茎有负向地性

感觉神经元通过神经末梢感知来自环境或身体器官和组织的信号。然后，这些信号会被传送到脊髓或大脑（中枢神经系统），在那里得到处理和分析。最后，神经中枢发出信号，给肌肉或内脏器官下达命令，让它们做出相应的反应。

以上这个过程被称为反射弧。反射弧分为三个部分：传入神经、神经中枢（分析器）和传出神经。

反射弧示意图

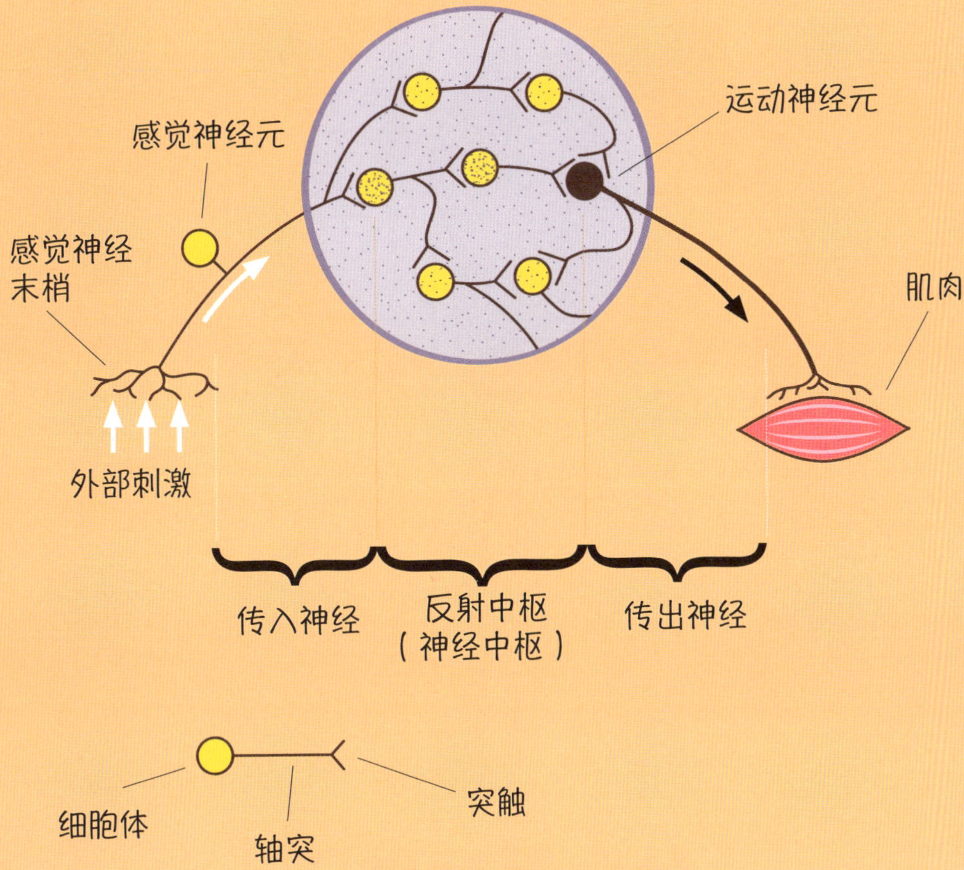

- 感觉神经元
- 运动神经元
- 感觉神经末梢
- 肌肉
- 外部刺激
- 传入神经
- 反射中枢（神经中枢）
- 传出神经
- 细胞体
- 轴突
- 突触

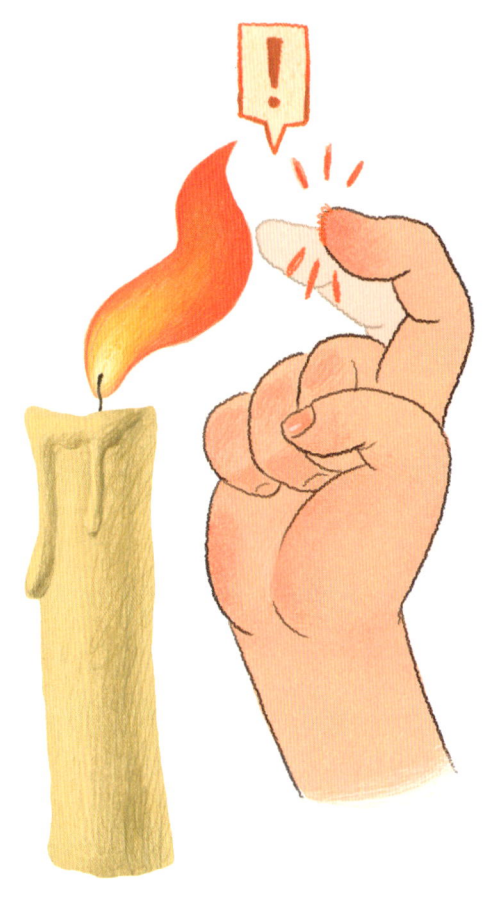

什么是反射?

反射分为躯体反射和自主反射,或者简单反射和复杂反射。在复杂反射中,神经中枢通常包括多个神经元。例如,一个人用手触摸燃烧的蜡烛。手指的痛觉感受器会对灼烧感做出反应,并通过感觉神经元向脊髓发送信号。这些信号走过神经中枢里的5~10个神经元,然后转为指令传递给运动神经细胞。因此,手臂会弯曲。与此同时，信号会传递到大脑，在大脑中形成疼痛的感觉，并让人反射性地发出"哎哟"或"啊"的叫声。由于反射弧中的神经元数量较少，肌肉反应得更快。

在最简单的反射（如膝跳反射）中，反射弧仅由两个神经元组成：一个感觉神经元和一个运动神经元。

我轻轻敲你的膝盖，无论你多么努力地控制，你的腿都会弹起来！

神经组织的构成

神经系统处理和记忆信息这两大主要功能由神经元负责。而神经胶质细胞为神经元的高效运作创造了条件。在大脑的不同部位，每个神经元有1～10个神经胶质细胞。神经胶质细胞负责神经元的生长、发育，建立、维持神经元之间的通信，提供保护，和隔离电流。

大脑的所有结构都是由神经组织形成的。这种组织包括两种细胞:神经细胞(也称神经元),以及神经胶质细胞(也称胶质细胞)。

神经元——
神经系统的基本细胞

神经元的特征是有一个细胞体（包含细胞核，处理信息的中心区域）和传输电脉冲的长突起。向神经元细胞体传入信号的突起叫作树突，将脉冲从细胞体传出的突起称为轴突。

细胞体的特点是有大量核糖体和线粒体，它们合成蛋白质并生产细胞活动所需的能量。

树突具有树状突起："树枝"之间呈锐角，离细胞体越远，树枝越细。每个神经元通常有多个树突。树突上即使是最细的突起，也能接收来自其他神经元的信号。为此，树突上通常会形成特殊的突起——**棘**（jí）。

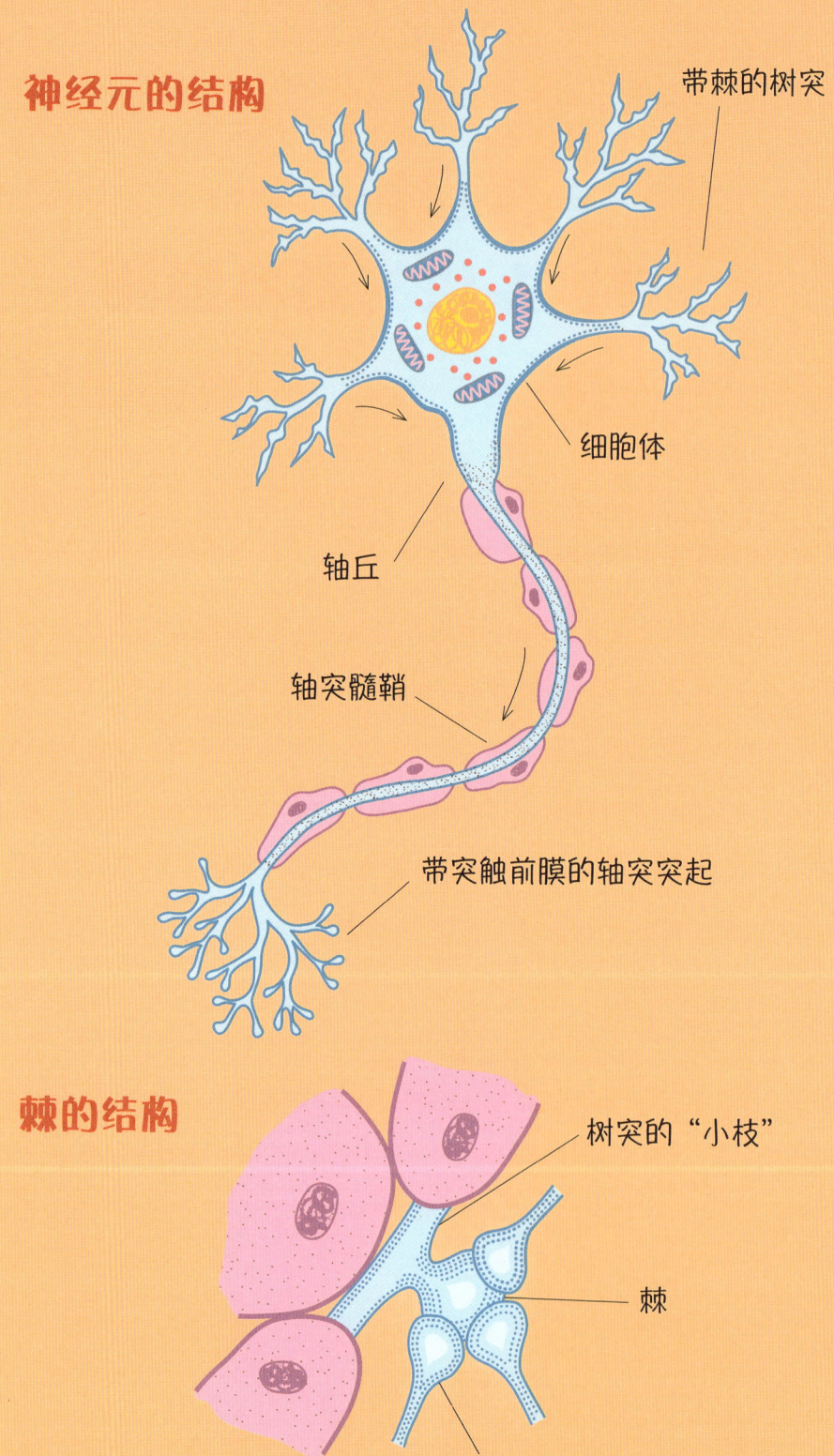

轴突通常是神经元最长的突起。一般每个神经元只有一个轴突，它的直径是固定的，突起比树突的少得多。轴突的突起呈直角，比轴突主干细很多，直径也是固定的。轴突起源于细胞体上的一个小突起，叫作轴丘。轴突及其分支的末端有一些特殊的结构——突触前膜，它们是突触的一部分，用于向其他神经元或肌肉和腺体传递信号。

神经胶质细胞由多种结构和功能各不相同的细胞组成。最大的细胞有较少突起，被称为少突胶质细胞。这些细胞位于神经元及其突起周围，提供保护和隔离电流。星形胶质细胞体积较小，但有更多的突起。

这些突起紧靠毛细血管壁和神经元。因此，星形胶质细胞一方面为神经组织提供机械性支架作用，另一方面控制血液中化学物质向神经元的流动。室管膜细胞排列在脑室和脊髓中。在运动纤毛的帮助下，室管膜细胞促进脑脊液的流动。小胶质细胞具有吞噬（即吸收）能力，在神经系统中发挥保护功能。

毛细血管

中枢神经系统中的神经元和神经胶质细胞

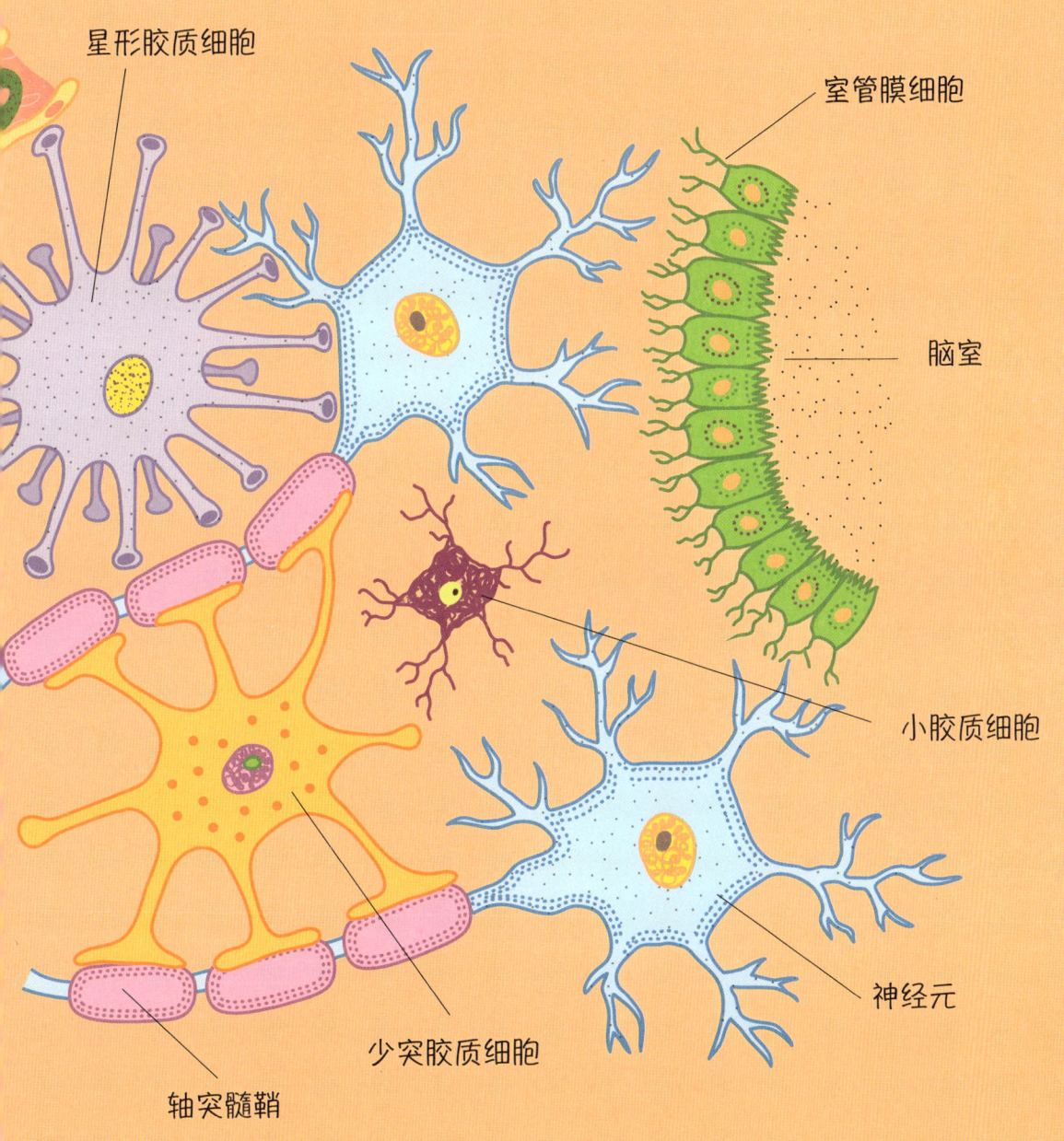

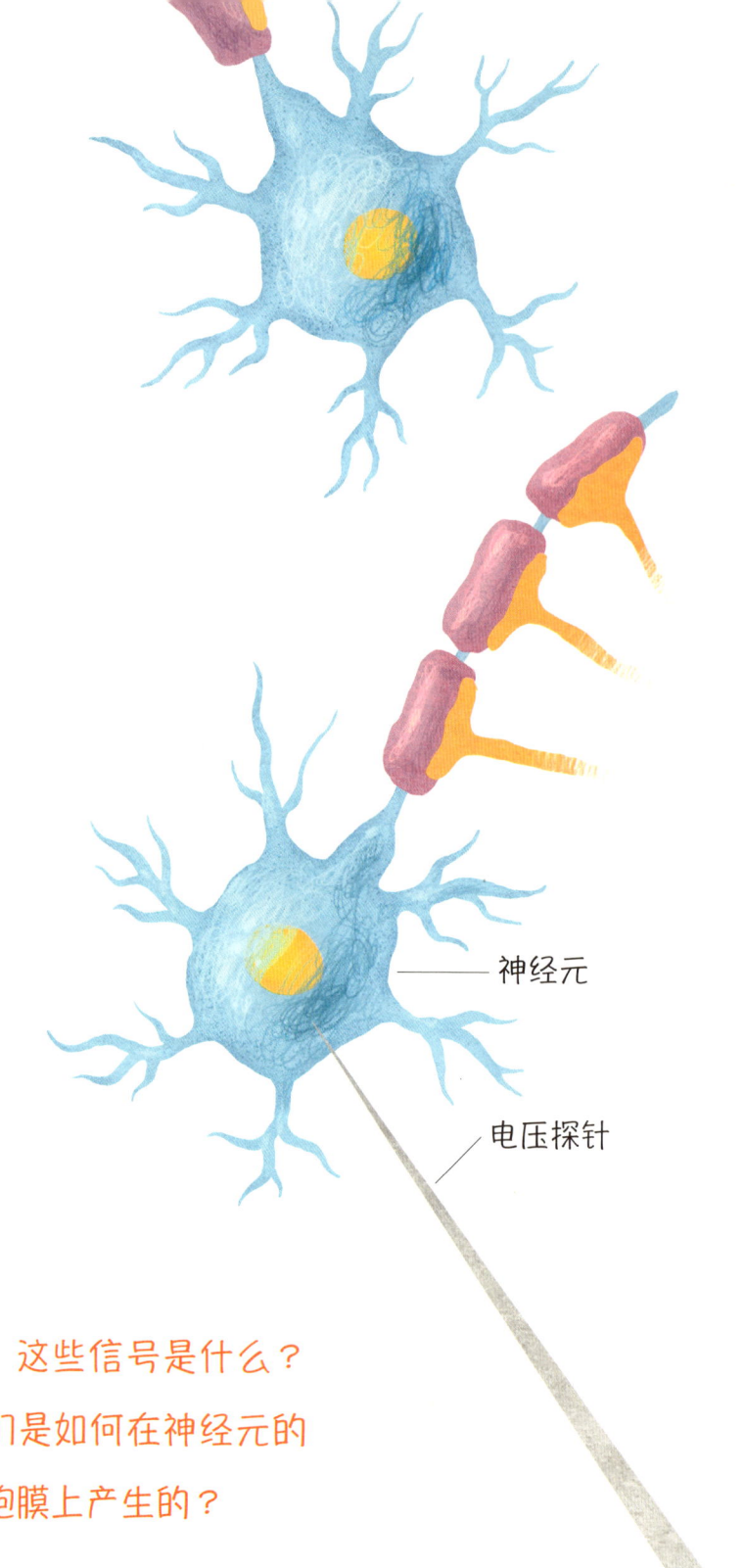

神经元

电压探针

这些信号是什么？它们是如何在神经元的细胞膜上产生的？

兴奋性和传导性
——神经元的主要特性

神经元与神经胶质细胞不同，具有兴奋性和传导性等特性。也就是说，它们能够产生电信号，然后让这些信号在其突起中传播。

静止时，细胞膜（即细胞周围的薄膜）的内侧带负电，外侧带正电。也就是说，相对于细胞间质[①]带正电，细胞质带负电。这层膜也被称为极化膜。膜内外两侧的电荷差叫作静息电位。在神经元中，静息电位约为-70毫伏（-0.07伏），虽然电流不是很大，但足够明显。

---
① 细胞间质，即细胞之间的物质。细胞都浸润在细胞间质液中。——编者注

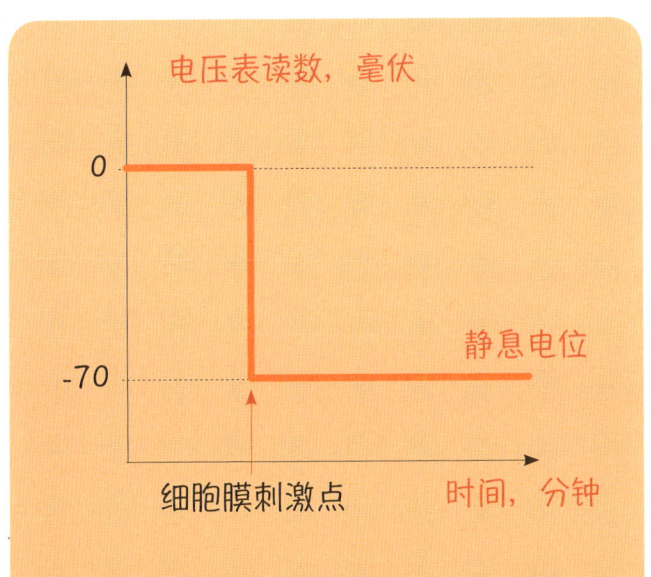

我们大脑中的电波

在细胞质和细胞间质中,电荷的载体是离子。带正电荷的离子被称为**阳离子**,带负电荷的离子称为**阴离子**。一般情况下,细胞质中阳离子和阴离子的总电荷数是相同的,细胞间质也是如此。也就是说,每个阳离子都有"配对"的阴离子。然而,在神经元中,一切都比较复杂:它们的细胞质中有许多钾离子(K^+),而钠离子(Na^+)却很少。相反,在细胞间质中,钾离子很少,钠离子很多。

之所以会出现这种阳离子分布情况，是因为细胞膜上有一个特殊的蛋白质系统在不断工作，它积极地将钾离子泵入细胞，并将钠离子泵出，从而消耗能量。这种蛋白质系统被称为"钠-钾"泵。这就像高峰时段市中心地铁站的交通状况。一列车厢停靠时，有很多人下车，但也有同样多的人上车。

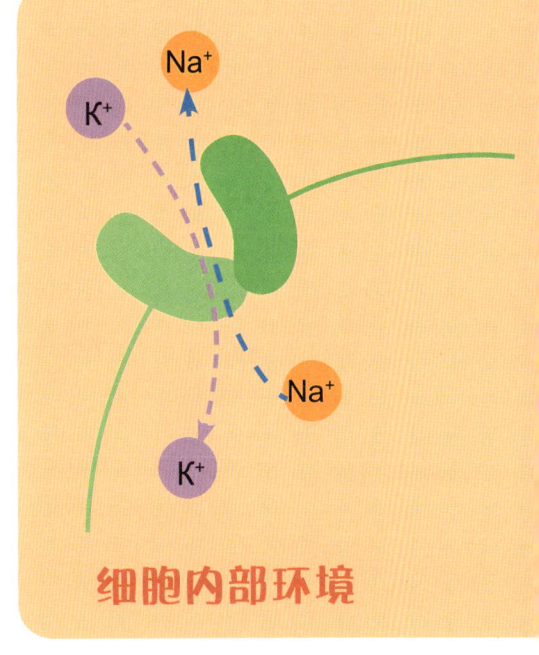

细胞内部环境

现在到了第二步。在静止状态下，钾离子可以顺利通过神经元的细胞膜，而钠离子不能。由于细胞质中的钾离子比细胞外多30倍，因此钾离子会逃逸到细胞间质中（化学上称这种现象为扩散）。同时，"孤独"的阴离子会留在细胞内，因为蛋白质、有机酸和无机酸的酸根等阴离子无法穿过细胞膜。它们会在膜内侧产生负电荷，随着钾离子向外扩散，负电荷也会增强。

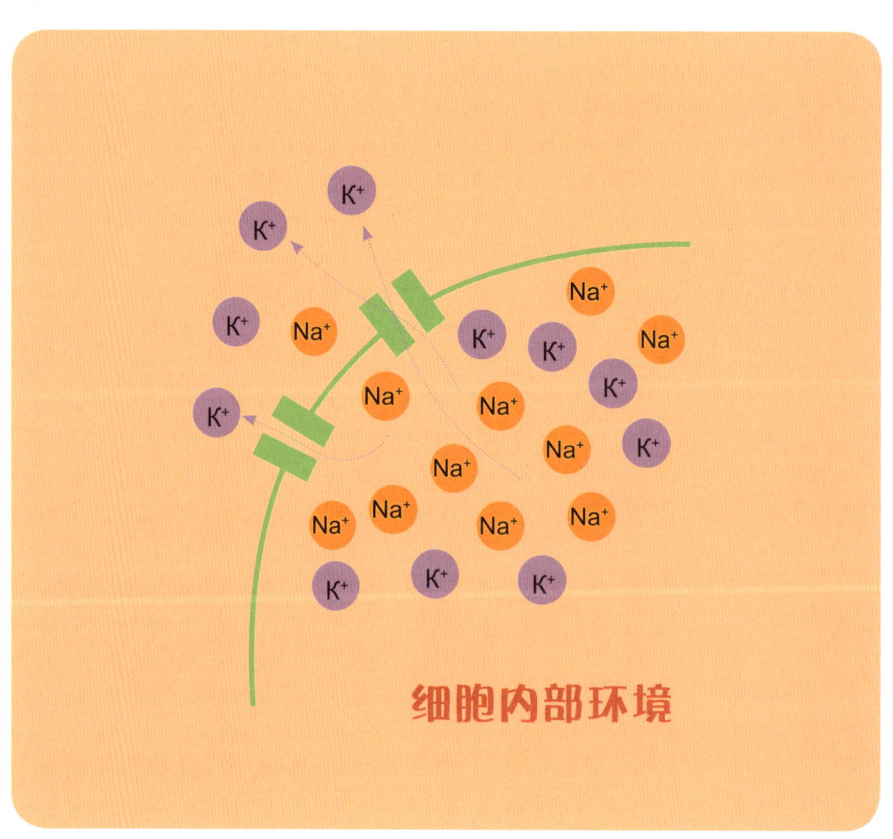

细胞内部环境

接下来就是第三步，也是最后一步。众所周知，相反的电荷会相互吸引。因此，逃逸出的钾离子不会远离细胞，而会被留在膜内侧的阴离子吸引，停留在细胞表面附近。有时，阴离子的数量会变得非常多，以至于阻碍钾离子向外扩散。现在，我们可以尝试这样定义静息电位：在人体正常体温下（温度也很重要，因为它会影响扩散），细胞内外的钾离子浓度为30∶1时，细胞质呈现带负电荷的状态；这种状态下神经细胞内外侧之间的电位差约为-70毫伏，能阻止钾离子持续流出细胞。

我们可以打个比方。取数量相等的大豌豆和小豌豆，用绳子把每颗小豌豆和一颗大豌豆绑在一起。然后拿一个只有小豌豆能通过筛孔的筛子，把我们的豌豆过一遍筛子。小豌豆会穿过筛子并挂在外面的绳子上，因为它们与大豌豆连在一起，而大豌豆则留在筛内。如果将小豌豆视为钾离子，大豌豆视为细胞质阴离子，我们就可以模拟细胞膜（筛子）的极化[①]和静息电位的产生。

当神经元受到电流刺激时，膜上的电荷会在大约千分之一秒（1毫秒）的时间内发生逆转。膜外侧的电荷为负，膜内侧的电荷为正。这一快速充电现象是膜对钠离子和钾离子的通透性发生变化的结果。神经元外部的钠含量是内部的10倍。在前0.5毫秒内，细胞膜对钠离子的通透性增加，一部分阳离子得以进入细胞质，使细胞电荷上升至+30毫伏。然后钠离子停止进入。紧接着，后0.5毫秒时，细胞膜对钾离子的通透性急剧增加，钾离子迅速从细胞质中"逃逸"。细胞膜内外的电位差恢复至原状态，即静息电位。

[①] 静息电位存在时，膜两侧所保持的内负正状态称为膜的极化。——编者注

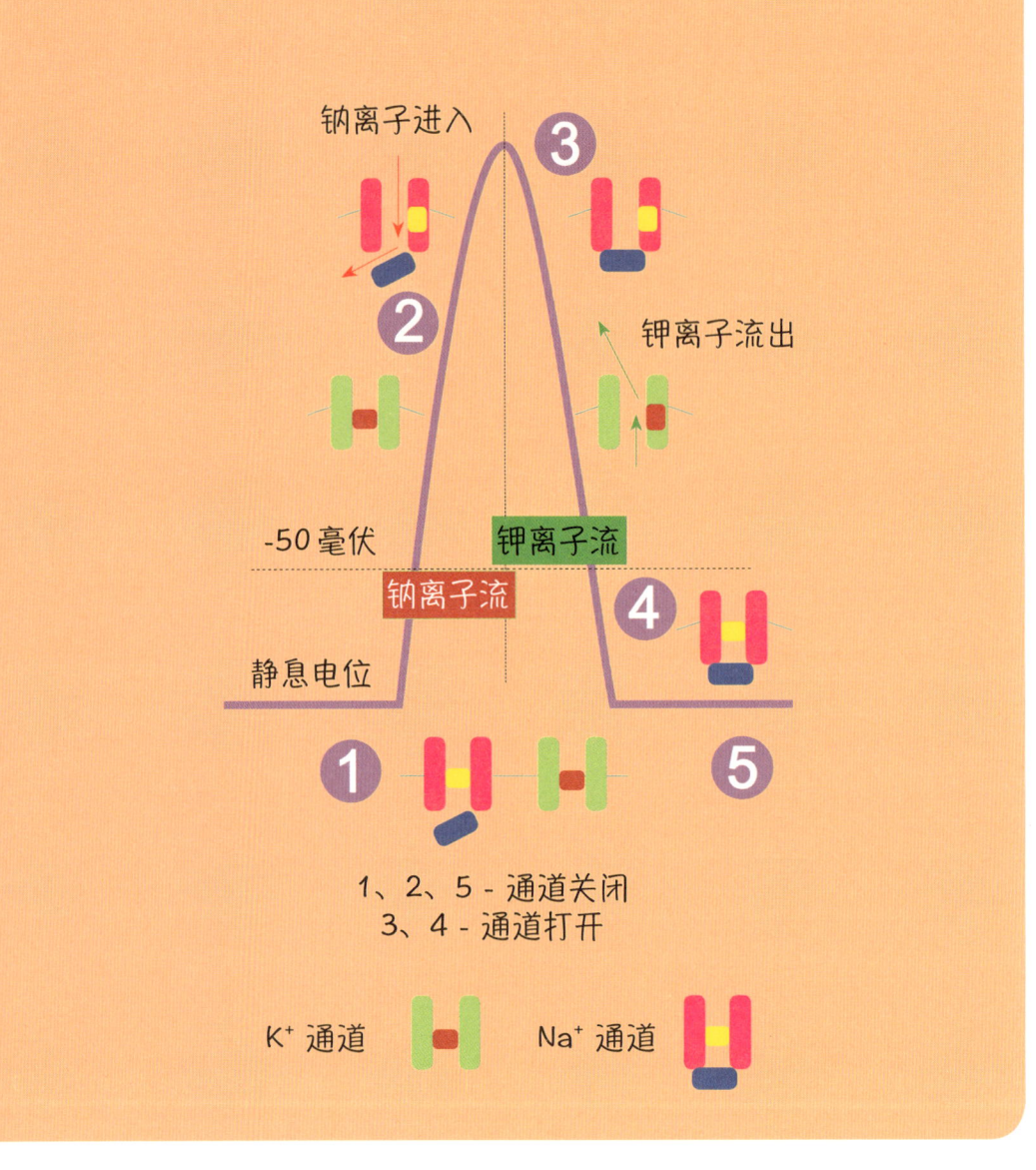

我们可以将这些过程比作射箭。弓弦绷紧，箭已拉开，蓄势待发——这是静息电位。射出弓箭 = 部分钠离子的进入。再次拉紧弓弦，换上新箭 = 钾离子的大量释放，然后我们又回到了静息电位。

刚才描述的神经元细胞膜上的短期电荷波动被称为**动作电位**。它分为两个阶段：第一阶段与钠离子的输入有关，第二阶段与钾离子的输出有关。

一个神经元每秒能产生几十乃至几百个这样的神经冲动。在这种情况下，"钠-钾"泵的持续高强度工作非常重要，它把在第一阶段进入细胞质的钠离子排出细胞外。此外，"钠-钾"泵还会把在第二阶段"逃逸"的钾离子送回细胞质。

如果我们回到射箭的比喻，"钠-钾"泵就相当于运动员或猎人搭箭和拉开弓弦的手（因此需要消耗能量）。

你可能听说过可怕的河豚。河豚含有河豚毒素，这是一种钠离子通道阻断剂，会阻止动作电位的产生和传导，导致人类视力和听力受损、瘫痪，甚至窒息死亡。

神经系统使用的动作电位最重要的特性是能在细胞膜上传导。

神经纤维传导

可以说，在细胞膜的一个点上发生神经冲动，就能够激活并"点燃"邻近区域，改变钠和钾的传导性。因此，动作电位在神经元表面扩散的过程是持续不断的，不会消退，就像燃烧的仙女棒一样。粗轴突的传播速度比细轴突快。提高神经冲动传导速度的另一种方法是利用神经元突起上特殊的鞘。

　　这些鞘被称为髓鞘，就像珠子一样，主要串在轴突上。髓鞘具有绝缘性，类似电线外面的橡胶或塑料涂层。它们由神经胶质细胞——施万细胞形成。沿着神经纤维长大后，施万细胞就开始缠绕在神经纤维周围，形成多层结构。鞘与鞘的间隙叫作"郎飞结"。

保护无髓鞘轴突的神经胶质细胞的结构

A. 带髓鞘的轴突

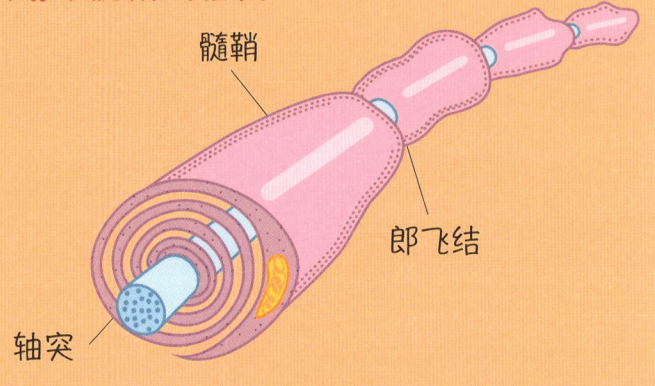

髓鞘
郎飞结
轴突

B. 轴突、髓鞘的结构

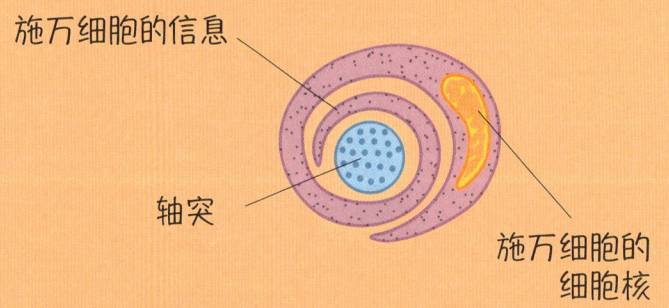

施万细胞的信息
轴突
施万细胞的细胞核

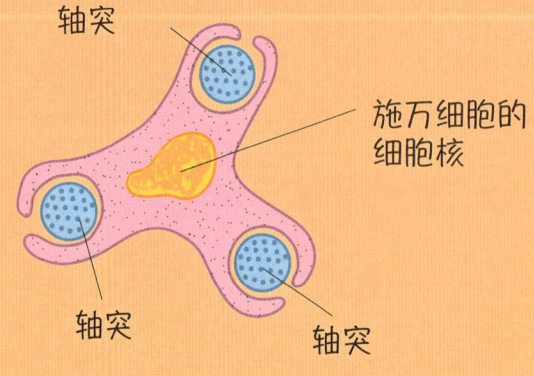

轴突
施万细胞的细胞核
轴突
轴突

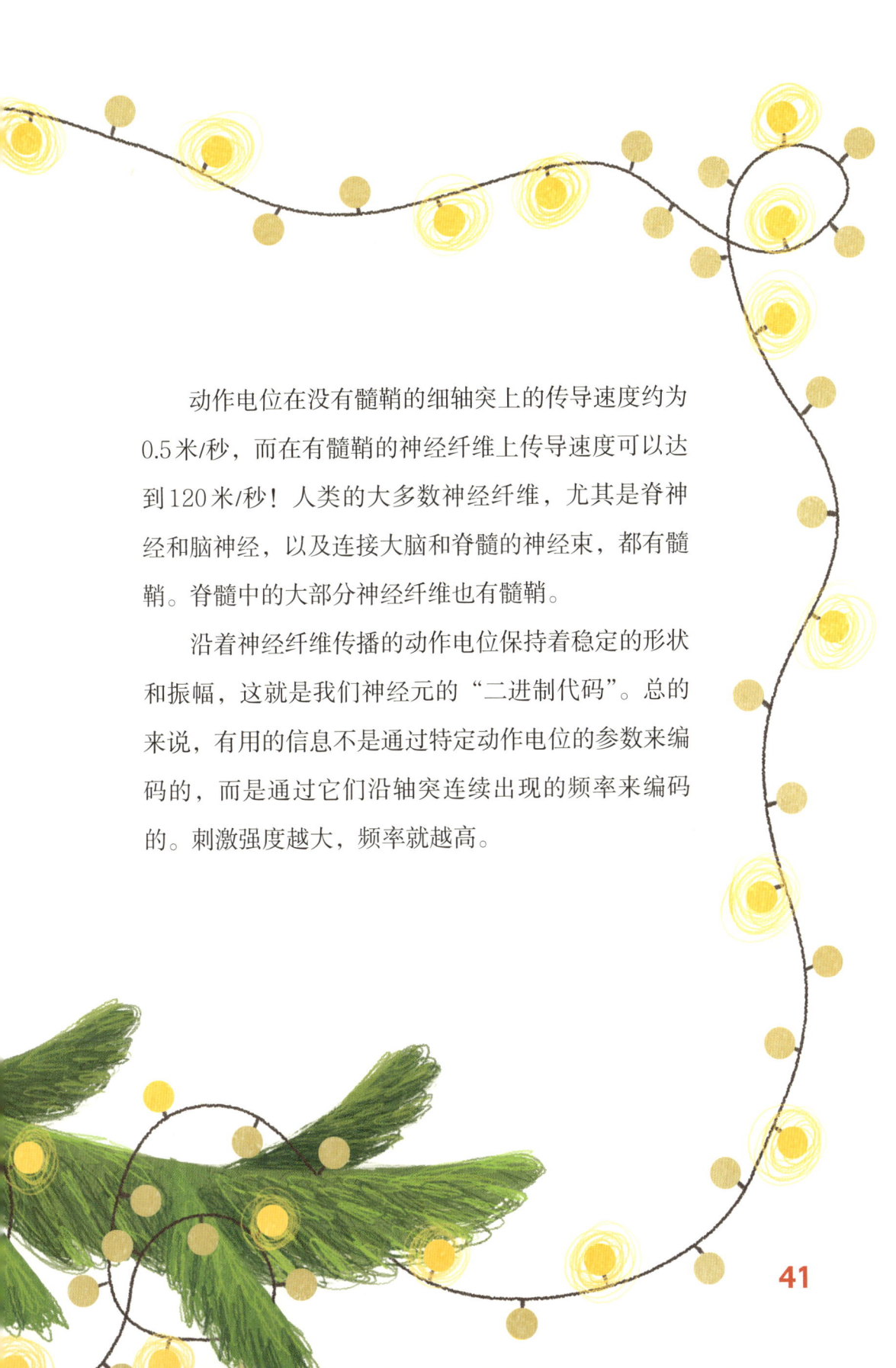

　　动作电位在没有髓鞘的细轴突上的传导速度约为0.5米/秒，而在有髓鞘的神经纤维上传导速度可以达到120米/秒！人类的大多数神经纤维，尤其是脊神经和脑神经，以及连接大脑和脊髓的神经束，都有髓鞘。脊髓中的大部分神经纤维也有髓鞘。

　　沿着神经纤维传播的动作电位保持着稳定的形状和振幅，这就是我们神经元的"二进制代码"。总的来说，有用的信息不是通过特定动作电位的参数来编码的，而是通过它们沿轴突连续出现的频率来编码的。刺激强度越大，频率就越高。

传导性除了沿着神经元传递信号外，还可将信号传递给其他细胞（神经细胞、肌肉细胞、分泌细胞）。这些都发生在突触这个特殊的结构中。

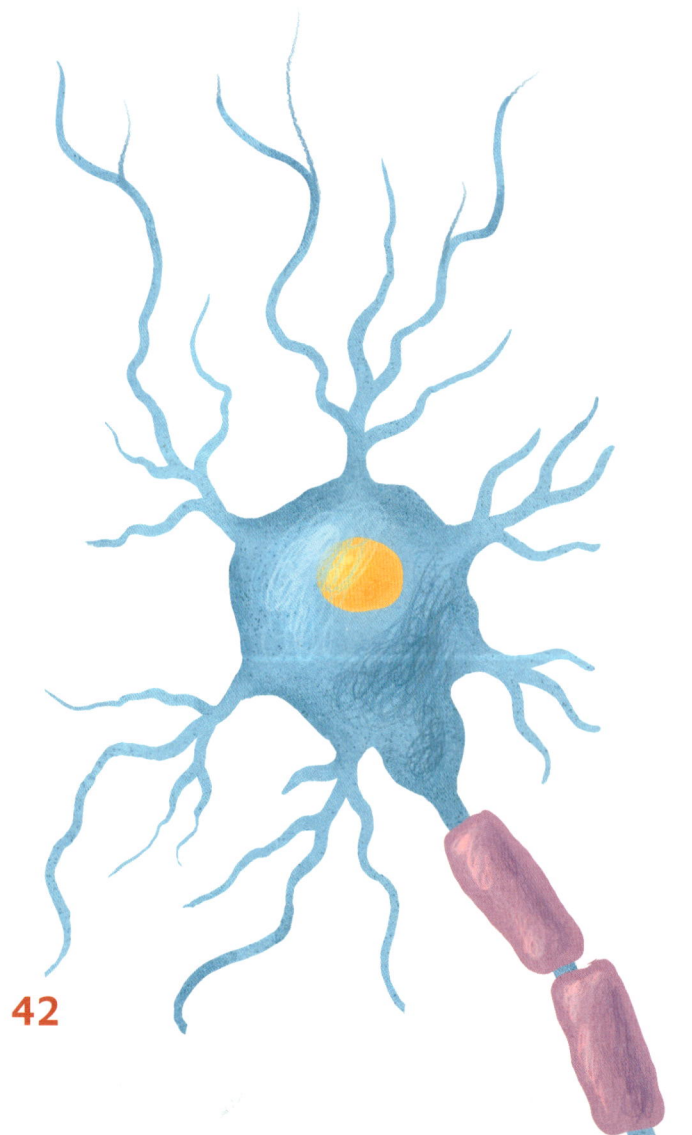

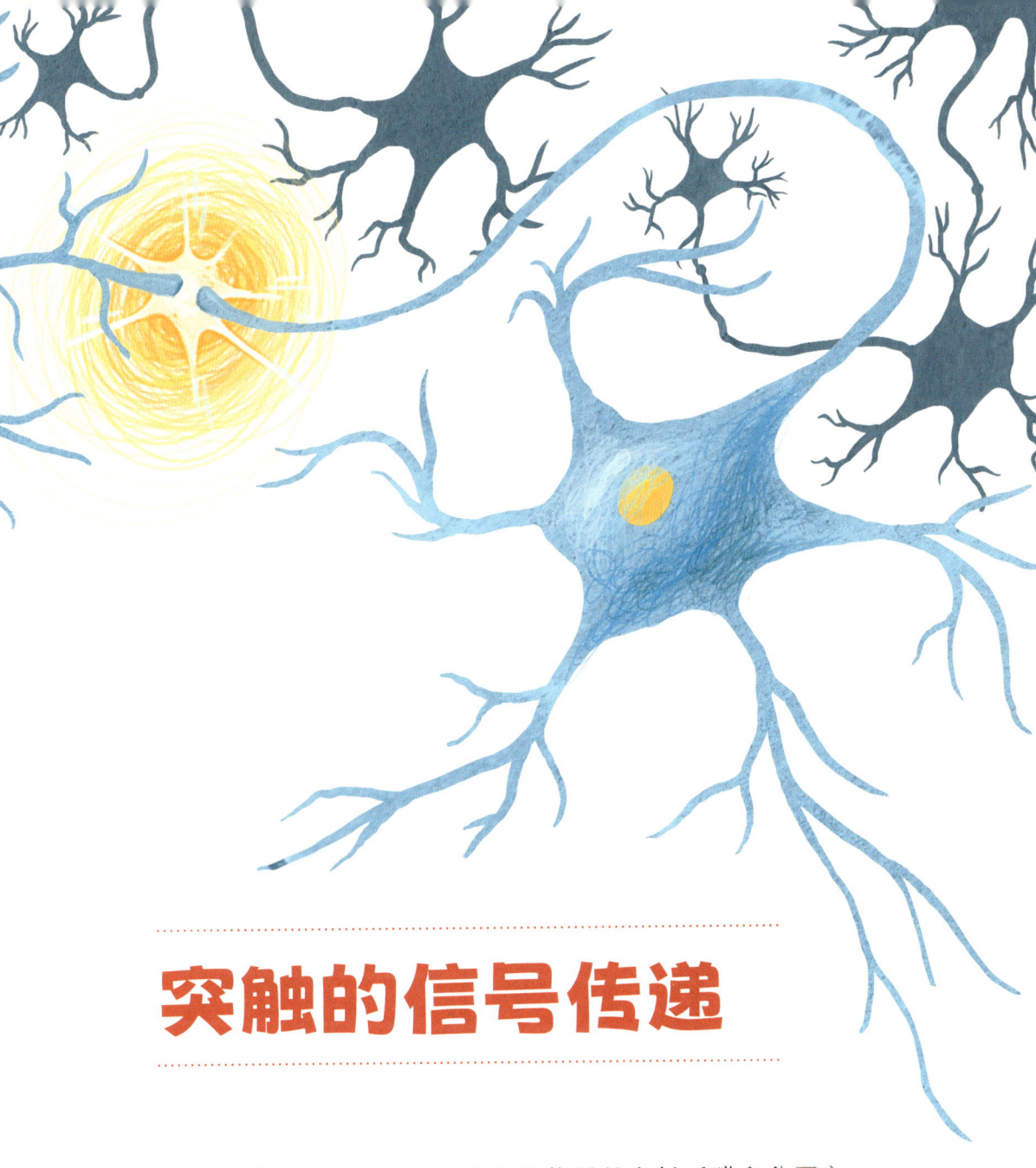

突触的信号传递

突触由突触前膜、接收细胞信号的突触后膜和分开它们的突触间隙组成。突触前膜通常由轴突的分支形成,末端有芽状或斑块状的延伸。突触后膜通常是神经元细胞体或树突(树突棘)的一部分,与突触前膜相对。

中枢神经系统的神经元通常会接收来自许多神经细胞的信号。因此，一个神经元上有数千个"输入通道"——突触后膜。另一方面，轴突的分支会在大量（多达数千或数万个）其他神经元上形成突触末梢。

50个
囊泡

人体内有两种突触——占绝大部分的化学突触和罕见的电突触。

化学突触的特点是通过释放神经递质来传递信号。神经递质在神经元的细胞体或直接在突触前膜合成，然后被包裹在由特殊的膜形成的囊泡中。

这些囊泡聚集在突触前末梢。下一个电脉冲（动作电位）发生时，大约50个囊泡会向突触间隙释放神经递质。

下一步，神经递质通过扩散到达突触后膜。突触后膜含有受体蛋白，神经递质与之相互作用。

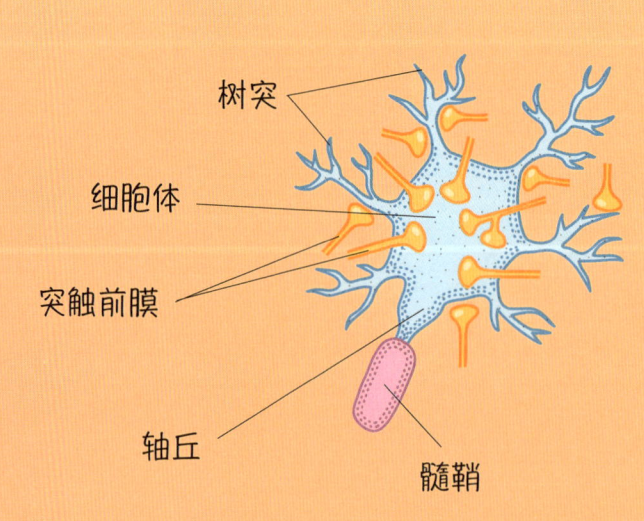

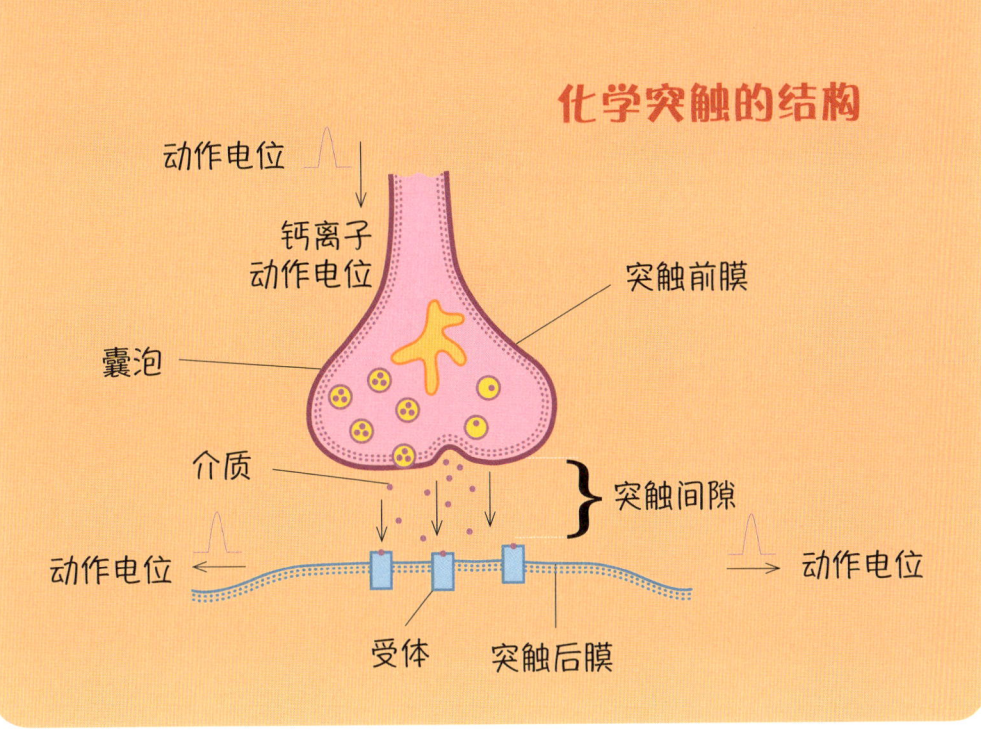

这种相互作用可能会让突触后膜产生动作电位，并在靶细胞中继续传播。这样一来，电信号就从一个细胞到达了另一个细胞，并在化学介质的帮助下通过它们之间的突触间隙。

我们刚刚说的突触被称为兴奋性突触。除了兴奋性突触，还有一种抑制性突触。在这类突触中，介质与受体相互作用的结果是降低靶细胞对各种信号（包括兴奋性突触的刺激）的敏感性。

同时我们还需要知道以下两点。首先，化学突触只能单向传导信号。其次，信号在突触上的传导需要消耗时间，这段时间被称为突触的潜伏期。在这段时间里，神经递质在突触间隙中扩散。

神经元
如何做出决定

现在，让我们想象一个通过成百上千个突触接收信号的神经元。其中既有兴奋性突触，也有抑制性突触，而且抑制性突触的比例并不比兴奋性突触低。神经元会发生什么变化？如果兴奋信号占主导地位，神经细胞就会被激活并产生动作电位。如果抑制信号占主导地位，神经元就难以兴奋。如果抑制信号和兴奋信号

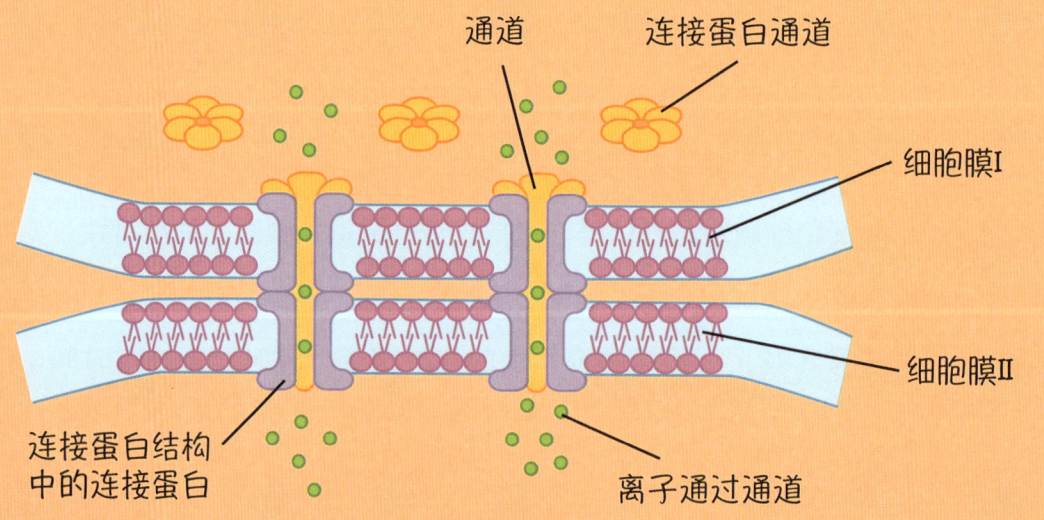

电突触的结构

的强度相同，神经元便不会做出反应，但其兴奋性不会改变。如果许多兴奋性突触同时被触发，或者少量突触接收信号的频率显著增加，那么靶细胞产生信号的概率就会增加。这一过程被称为积聚，在神经系统中发挥着重要作用。

我们来举个例子。你看中了一双名牌运动鞋,想问问朋友的意见,五个人说这款运动鞋很棒,两个人说它们不值这笔钱,你可能会买下这双运动鞋。相反,如果只有两个人称赞这双运动鞋,而五个人有负面评价,你可能就不会买它。如果有三个人觉得好,三个人觉得不好,你很可能会再考虑考虑……结果最后买了一条牛仔裤。再举一个例子。一个朋友告诉你各种各样的消息,你可能不会相信。但是,如果几个人同时告诉你同一件事,或者一个人在告诉你这件事的时候声音很大、情绪很激动,你就更有可能认为这些信息是真实的。

解决这类任务的分析过程是最简单的。事实证明,即使是单个神经元也能通过积聚过程完成这类工作。

电突触与化学突触不同,不需要神经递质来传递神经冲动。在这些突触中,电流(阳离子运动)从一个细胞直接流向另一个细胞。通过这种突触进行信号传导的延迟时间极短,同时,抑制(阻止过多信息流)信号的可能性也消失了。

电突触的突触前膜和突触后膜距离很近，并都由大孔（由连接蛋白组成）连在一起。

电突触的一个特点是能够进行双向信号传导，比如视网膜神经元中的电突触。它们在心肌和平滑肌的活动中也起着非常重要的作用。

我们已经详细介绍了神经系统的工作原理，接下来看看它是由什么组成的吧。

我们先从脊髓开始，它是神经系统的基础。

脊髓

脊髓是一个由神经组织组成的长圆柱体，内部有一个狭窄的中央管道。它位于从颈椎到腰椎的椎体和椎弓之间。成人脊髓的长度为40~45厘米，重量为35~40克。

　　脊髓上至大脑，下至第一至第二腰椎水平的狭窄处。脊柱下方只有一簇脊神经，就像一条"马尾"。在颈椎和腰椎脊髓中，可以看到两条变粗（膨大）的脊髓，它们是颈部脊髓（颈膨大）和腰部脊髓（腰骶膨大），分别与肢带[①]对应。

[①] 脊髓动物成对肢的骨骼的一部分。
　　——编者注

脊髓的结构简图

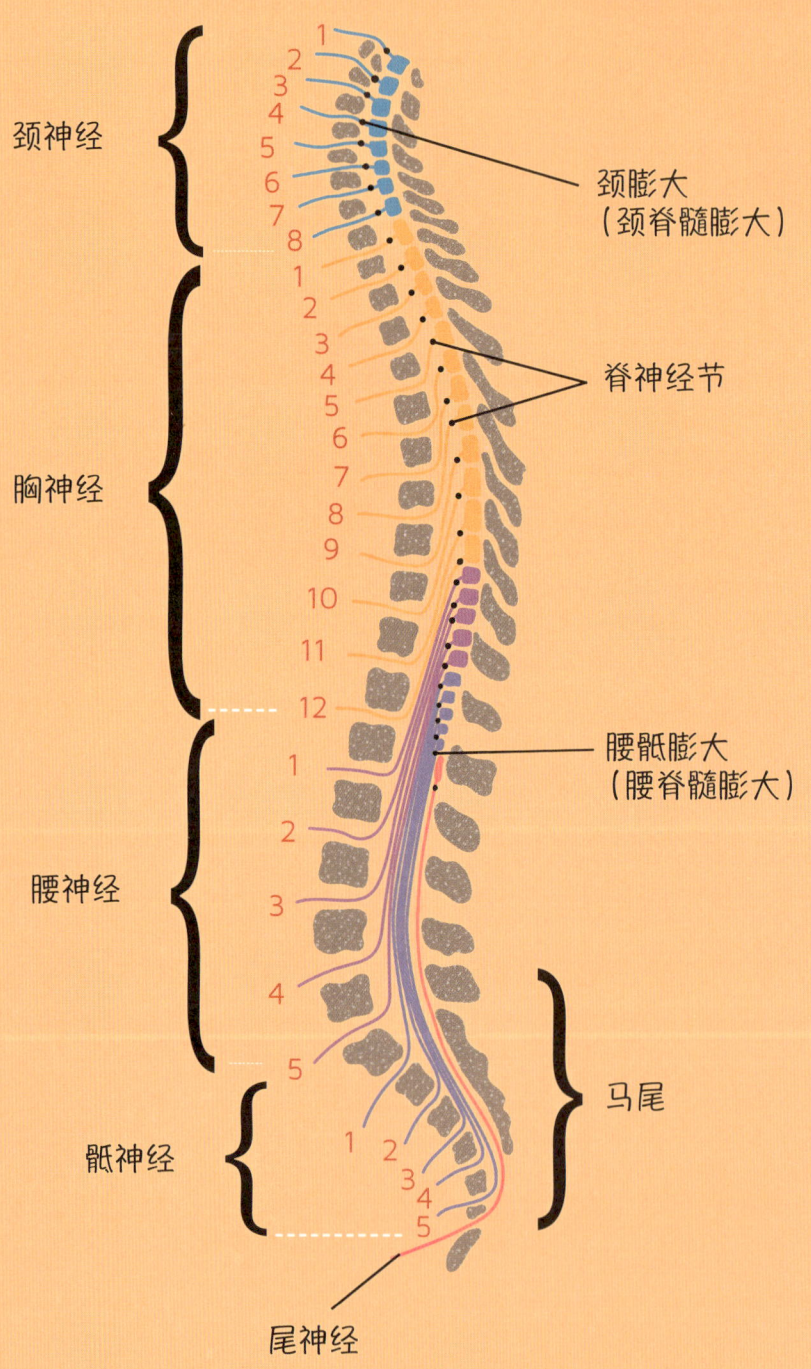

脊髓中央管的直径不超过1毫米，管内充满脑液。

如果我们从上到下观察，可以发现脊髓分为31个排列方式相同的节段。每个节段都有一对脊神经（共31对）向左右两侧伸开。每条神经都来自脊髓前根或后根部位。

根据脊髓的节段划分，我们的身体从颈部到尾骨共分为31个节段。在这些节段中，脊髓节段是控制中心，负责收集有关其状态的信息，并产生运动型和自主型指令。

脊髓分为8个颈节（控制颈部和手臂的节段）、12个胸节（胸部和腹部）、5个腰节（腿部体节）、6个骶节（骨盆区域和腿部后表面）。

此外，脊髓的每个节段都与邻近节段及大脑相互影响。

在脊髓的横截面上，我们可以清晰地看到白质和灰质。灰质位于中央，形状像一只翅膀对称的蝴蝶。

灰质由神经元细胞体无髓树突和胶质细胞组成。白质位于外围，仅由神经纤维（脊髓和大脑神经元的轴突）构成。髓鞘让白质看起来是白色的。

在灰质的每个"蝴蝶翅膀"上都有被称为"角"的突起。运动神经元位于较宽的前角，它们的轴突先后经过脊髓前根和脊神经指向骨骼肌。

中间神经元分布在狭窄的后角中。这些神经元不仅向自己那侧的前角"派出"轴突,还向脊髓对侧的前角"派出"轴突。脊髓神经节里的中间神经元从脊髓外的感觉神经元那里接收信号。

感觉信号被作为脊髓后根一部分的轴突接收。在后角的外周，即靠近脊髓边缘部分，中间神经元接收来自体节的疼痛信息；在中间部分，中间神经元接收来自皮肤感受器的信息；在底部，中间神经元接收来自肌肉中感受器的信号。

前角和后角之间长有小的突起，它们被称为侧角。外侧角有自主神经系统的神经元。它们的轴突作为脊髓的前根向外延伸。在中央管周围分布着脊髓中最"聪明"的神经元——中介核，接收来自处理过感觉信息的中间神经元的信号及来自大脑的信息。处理完数据后，这些神经元会将刺激重新传送到前角或侧角的运动神经元或自主神经元。

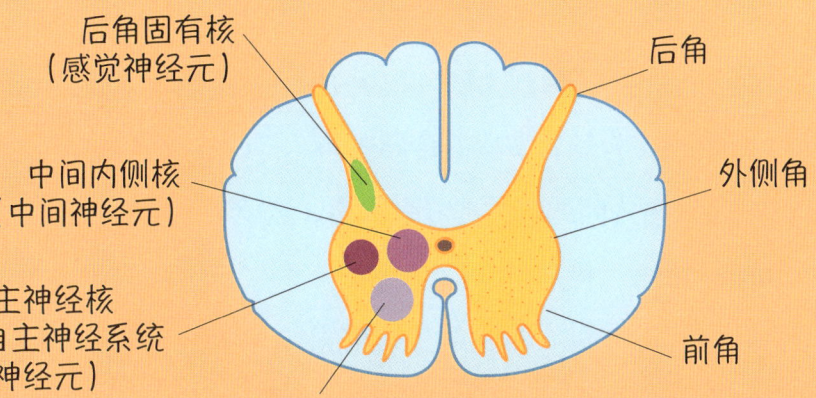

脊髓灰质

- 后角固有核（感觉神经元）
- 中间内侧核（中间神经元）
- 自主神经核（自主神经系统的神经元）
- 滑车神经核（运动神经元）
- 后角
- 外侧角
- 前角

白质包含从脊髓到大脑（向上）、从大脑到脊髓（向下），以及连接脊髓各节段的传导通路。

灰质后角之间的白质部分是后索，这里有最快的上行（感觉）纤维束（传导束）。

灰质前角之间的白质部分是前索，这里有各种下行（运动）纤维束（传导束）。

灰质的前角和后角之间的白质部分是侧索，包括上行、下行和节间纤维束（传导束）。

脊髓白质

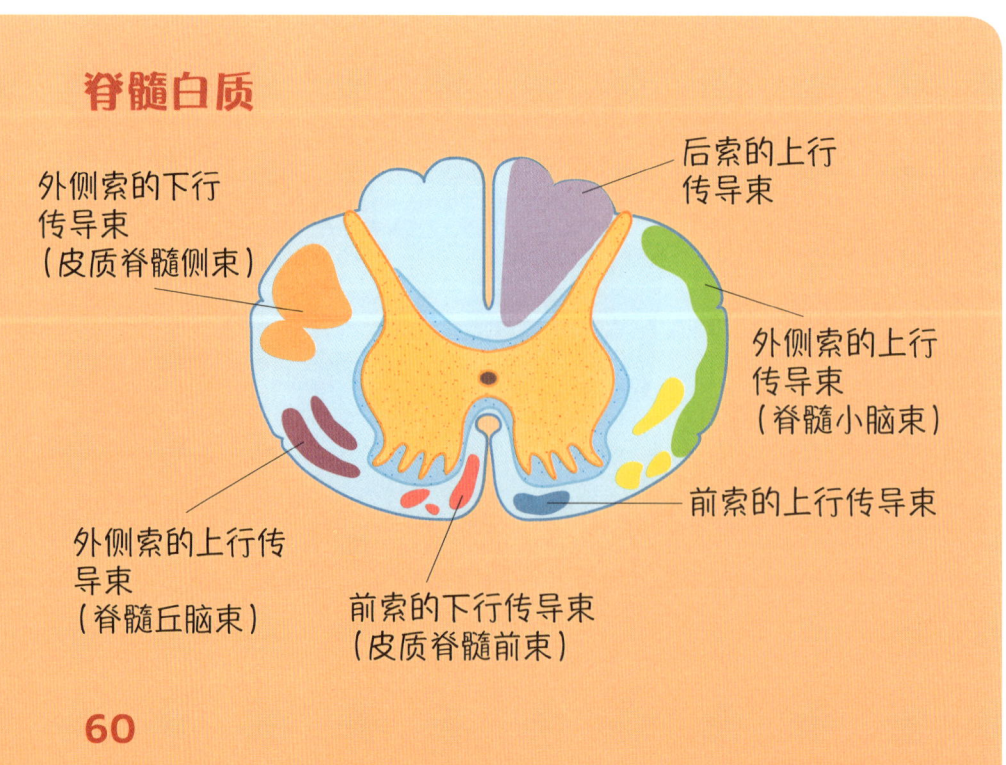

外侧索的下行传导束（皮质脊髓侧束）

后索的上行传导束

外侧索的上行传导束（脊髓小脑束）

前索的上行传导束

外侧索的上行传导束（脊髓丘脑束）

前索的下行传导束（皮质脊髓前束）

60

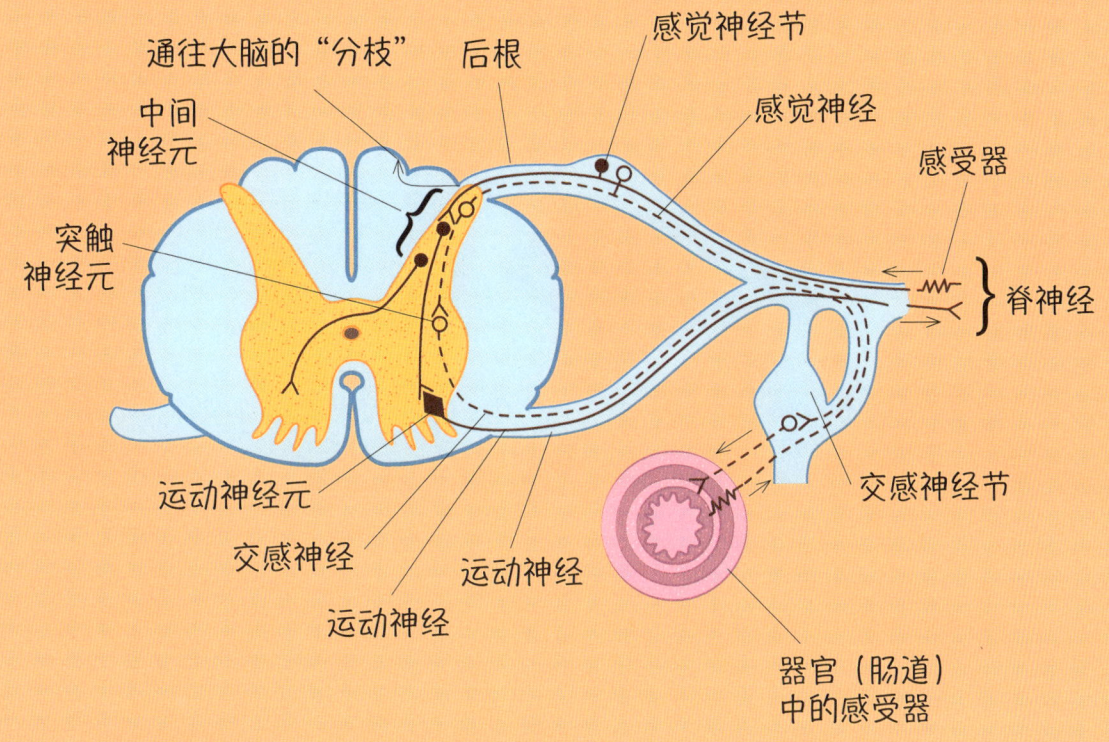

在每个节段的左右两侧，前根和后根合并在一起形成脊神经。在每条后根上都有一个增厚的部分，感觉神经元的细胞体就在里面。这种结构被称为脊神经节。

另一个神经节，即交感神经节，可能紧紧接在脊神经根部的交界处。它包含自主神经系统的神经元，这些神经元向平滑肌和心肌及腺体发送轴突，接收来自脊髓侧角交感神经细胞的信号。

脊髓由脊椎骨和脑膜（硬脑膜、软脑膜和蛛网膜）保护。硬脑膜由两层致密坚韧的结缔组织组成。外层与椎管融合，内层环绕脊髓。软脑膜位于大脑表面，其内部有许多血管，因此它还有一个名字——脉络膜。

蛛网膜由松散的结缔组织组成，将硬脑膜和软脑膜隔开。蛛网膜下腔在蛛网膜和软脑膜之间，里面充满了脑脊液。脑脊液在纤毛的摆动下流动，纤毛上有胶质细胞——上皮细胞。

我可以用脊髓感觉。不要碰蜡烛哦！

脊髓反射

要了解反射是如何起作用的，我们需要先解释一下反射弧的概念。反射弧是一条从外部刺激出现，到对其做出反应的神经通路。反射弧由多个神经元组成。脊髓的反射是对先天性重要刺激的反应。想一想，你以前是不是曾为了不被烫伤而将手从热熨斗或煎锅上拿开？事实上，正是你的脊髓向你发出了"把手移开"的指令，多亏了一连串神经元的协调作用，你才没有被严重烫伤。

触摸发烫的物体是一种强烈的疼痛刺激，感觉神经元会对这种刺激做出反应，产生一系列动作电位。这些神经元到达脊髓后角的中间神经元，后者处理所发生情况的信息。从那里，前角的运动神经元接收到"拉回手臂"的指令。做出决定时，中间神经元也会考虑大脑和其他感觉神经元发出的指令。

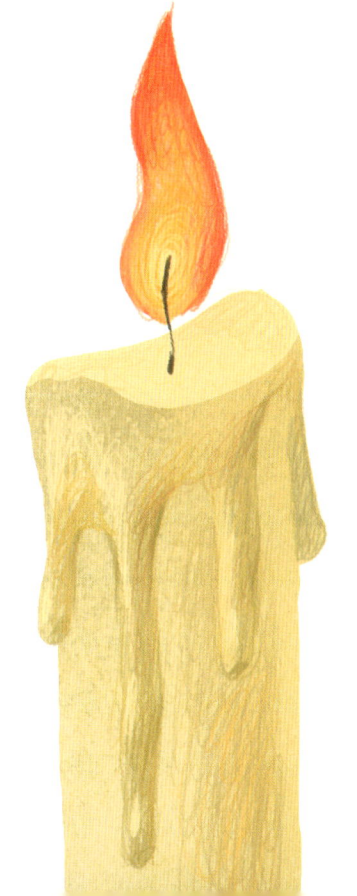

你觉得烫的时候，就会把手缩回来。因为，中间神经元会同时接收来自大脑的指令和来自感觉神经元的冲动，好让你尽快把手移开。但是，如果你去看牙医，准备拔一颗牙，在治疗过程中你不会把医生推开。因为在这种情况下，大脑似乎明白了即将到来的疼痛是必要的，于是抑制了本能动作。

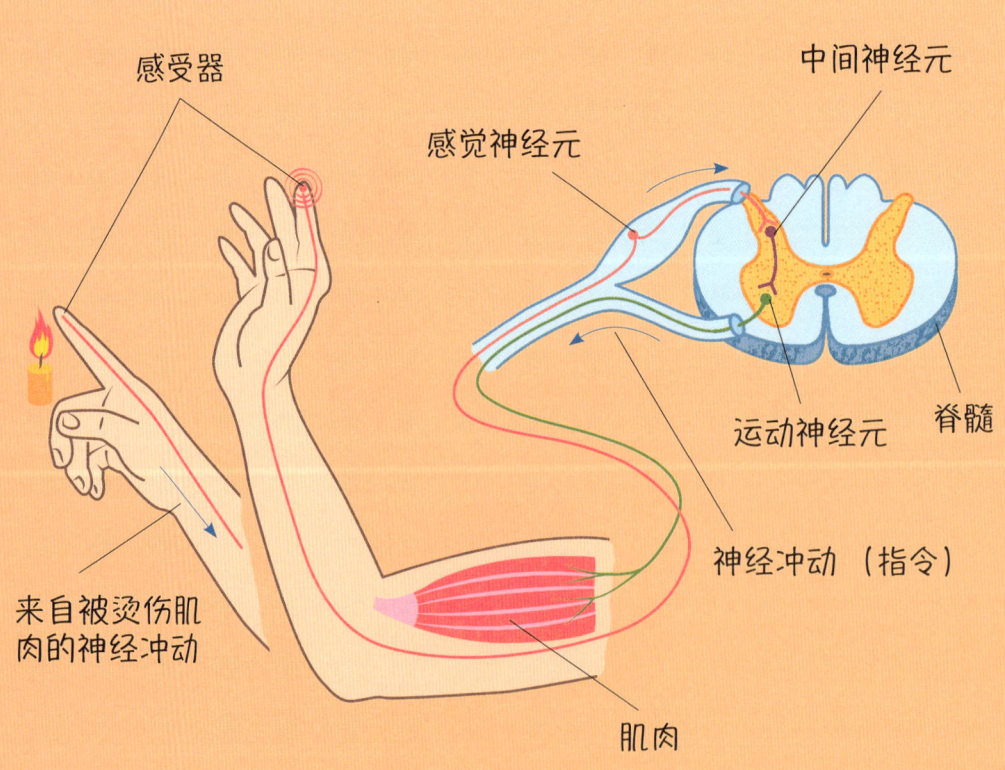

像抽搐这样的屈肌反射被称为多突触反射（polysynaptic reflex），因为它涉及大量神经元和连接它们的突触。"poly"在拉丁语中是"许多"的意思。

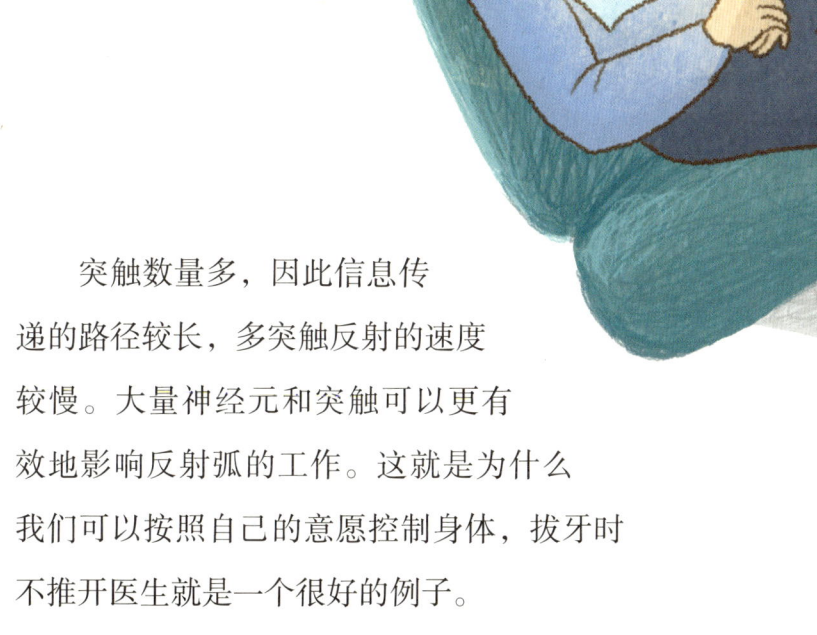

突触数量多，因此信息传递的路径较长，多突触反射的速度较慢。大量神经元和突触可以更有效地影响反射弧的工作。这就是为什么我们可以按照自己的意愿控制身体，拔牙时不推开医生就是一个很好的例子。

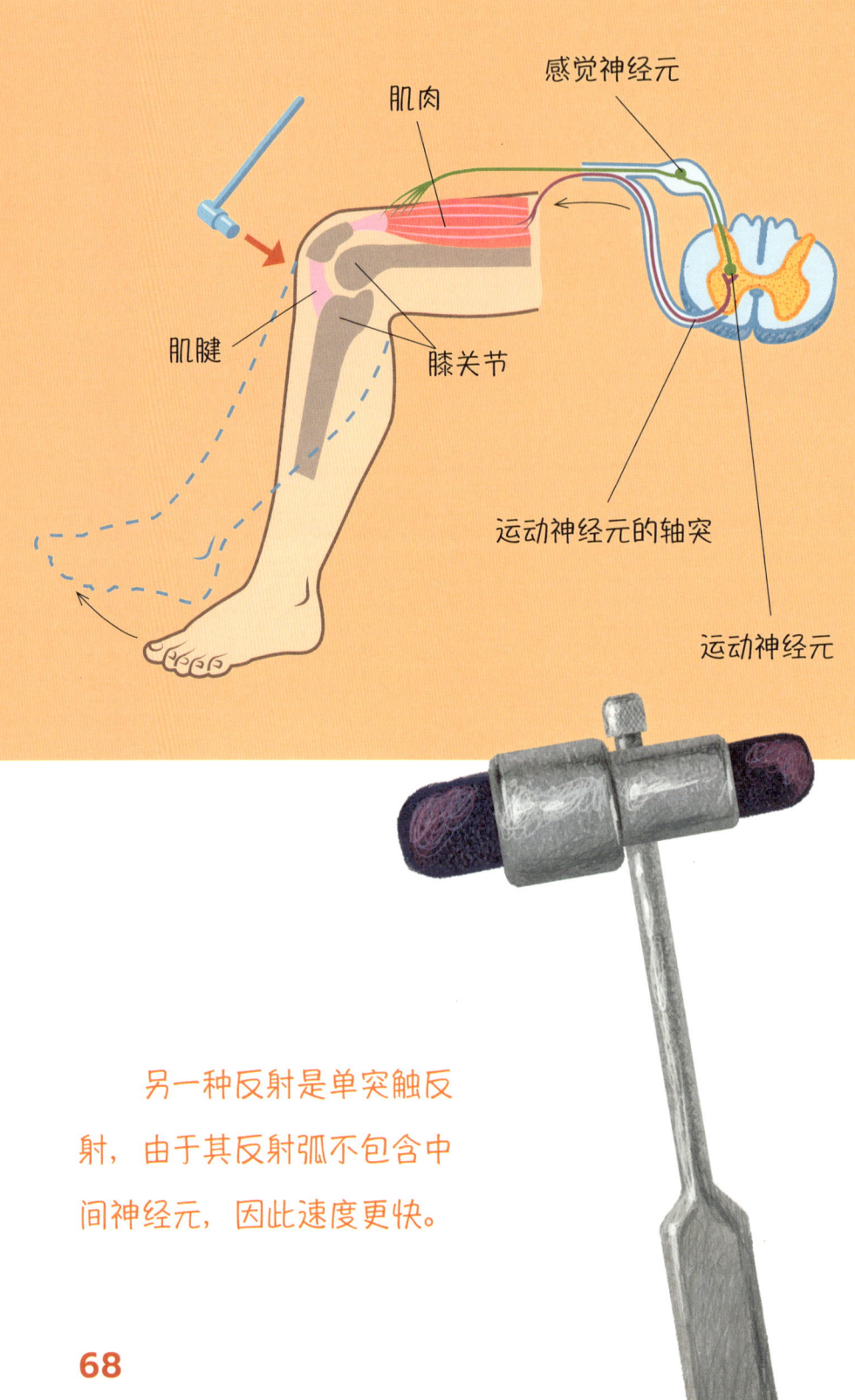

另一种反射是单突触反射，由于其反射弧不包含中间神经元，因此速度更快。

膝跳反射就是单突触反射的一个例子，同时也是屈肌反射（即拉伸反射）的一个特例。

膝跳反射可以让我们的肌肉恢复到原来的位置。在这种情况下，只有一个突触参与其中，反射弧也仅由两个神经元形成。

第一个神经元位于脊神经节内，这是肌肉中特殊而又敏感的感觉系统。这个系统，也就是这个神经元，能够分析肌肉的运动。在我们的例子中，跳膝反射里负责分析的肌肉是股四头肌。这个神经元的树突从内部缠绕着股四头肌，股四头肌是我们身体里最大的肌肉。

第二个神经元是运动神经元。它在拉伸时产生动作电位，并将信号传回肌肉。

因此，医生用锤子敲你的膝盖时，他敲的是导致股四头肌拉伸的肌腱，感觉神经元直接将拉伸信号发送给运动神经元，而不需要通过中间环节，运动神经元则将收缩信号发送给同一块肌肉。

有趣的是,膝跳反射表现为腿部的"弹跳",这一表现能够维持人的直立状态。

坐地铁时,你的大脑也许正忙着看书或刷手机视频。而当地铁开始减速,你稍稍侧身时,你的前臂肌肉会收缩,手指会更用力地抓住扶手,以防摔倒。所有这一切都是因为前臂肌肉具有相同的屈肌反射。

在屈肌反射中，大脑意识到火车开始减速时，肌肉也会同时收缩。对于我们在树枝间跳来跳去的祖先来说，能够维持姿势极为重要，因为这使他们能在有额外负重的情况下保持一定的肌肉收缩水平。

脊髓反射弧

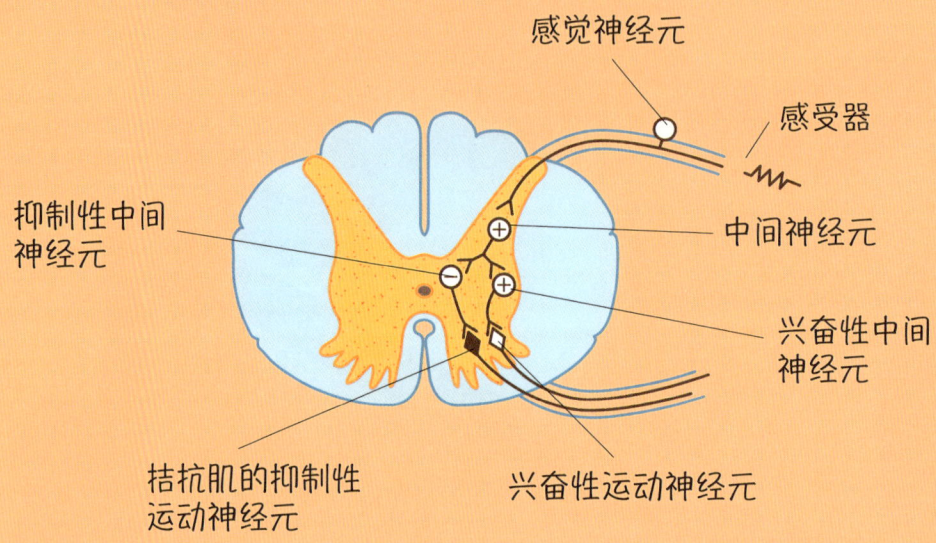

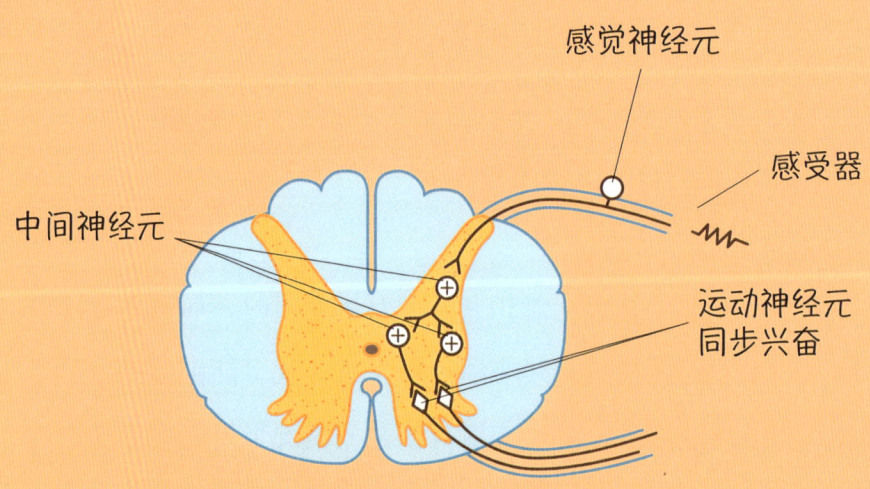

不要忘记，除了兴奋性神经元外，反射弧还可能包括抑制性神经元。这些神经元的工作与另一种类型的反射有关——牵张反射。

牵张反射的目的是在肌肉过度拉伸的情况下放松肌肉，其主要功能是防止肌肉因过度拉伸而受伤。

从感觉神经元到中间神经元的信号会引起一组运动神经元（传出神经元）的兴奋和另一组运动神经元的抑制。

可以指望反射，但自己也要注意！

许多运动反射的发生与脊髓直接相关。

这些反射包括打喷嚏、咳嗽、打哈欠、吞咽、眨眼等。脊髓受伤会导致脊髓功能紊乱,可能引起与平时习惯截然不同的举动。

上述反射和反射弧属于躯体反射,也就是会使骨骼肌收缩或松弛的反射。此外,脊髓中也有完整的结构来产生自主神经反射。

在这种情况下,中间神经元不是向灰质前角的运动神经元发出指令,而是向侧角的自主神经系统的神经元发出指令。

运动反射真是丰富多彩呀!

我们来举个例子。心房过度充血会刺激心房壁上的感受器，使心率加快，心房胀痛减轻。自主神经反射的特点是我们可能意识不到这一过程的发生。而躯体反射，即使并非出自自主意识的控制，也通常能被我们意识到。

就像核桃一样!

大脑

你可能从来没有见过一个真正的大脑,也没有把它握在手里过。但你肯定吃过核桃。核桃仁在形状上类似一个大脑,更确切地说,是两个大脑。如果我们用核桃仁指代大脑,那么核桃壳就是颅骨,心皮柄相当于脊髓,在不太干燥的核桃中可以找到这种结构。

成熟核桃的结构

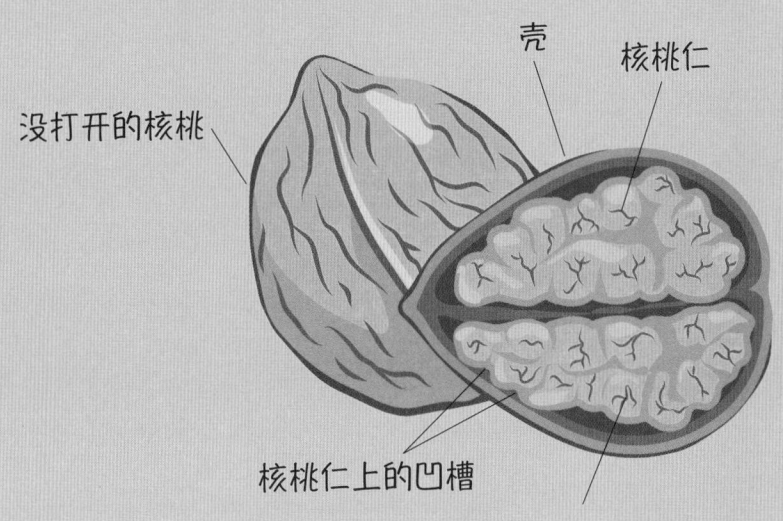

壳
核桃仁
没打开的核桃
核桃仁上的凹槽
核桃仁上的"弯曲"

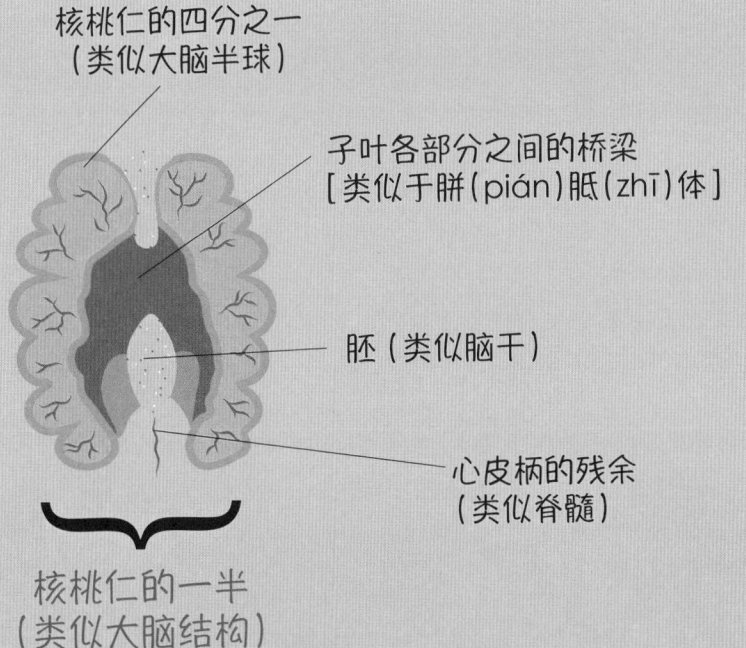

核桃仁的四分之一
（类似大脑半球）
子叶各部分之间的桥梁
[类似于胼(pián)胝(zhī)体]
胚（类似脑干）
心皮柄的残余
（类似脊髓）
核桃仁的一半
（类似大脑结构）

大脑包含了人体绝大多数的神经细胞，执行着最复杂的任务。它是脊髓在颅腔内的延伸，与脊髓有一些共同之处。

大家应该记得，脊髓是一根被分成很多部分（节段）的管子。每个节段都与一对脊神经相连。

大脑有12对脑神经。这些神经包含接收头部感觉器官信号的纤维，还有向头部和颈部肌肉传递信号的运动纤维，以及调节内脏器官的自主神经纤维。

虽然脊髓的各个部分相似，但大脑的各个部分在结构和功能上却大不相同。

要了解大脑的结构，我们先来看看它在胚胎中的发育过程。首先，胚胎背部外胚层增厚形成一个神经板。然后，神经板边缘加厚，中央下凹形成神经沟。神经沟的边缘闭合，成为神经管。

神经管的形成

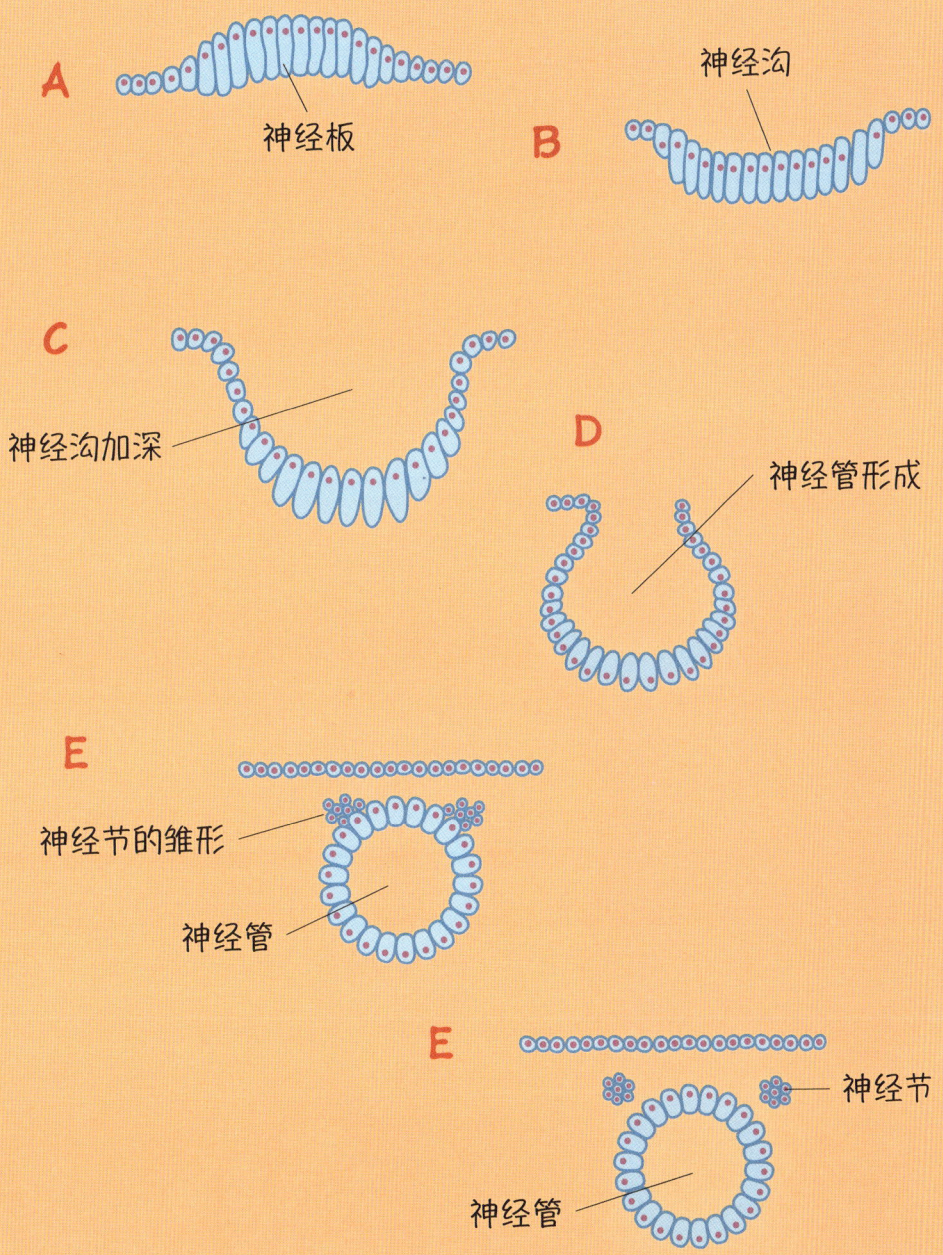

神经管迅速变长，管壁变厚。最后，神经管的前端用神经组织填满脑颅，形成大脑，其余部分则成为脊髓。与此同时，神经细胞开始生长，并彼此连接。

大脑先形成了三个脑泡，后来又从中形成了五个分区：延髓、后脑、中脑、间脑和终脑。

在人的大脑中，终脑的大半球得到了特殊的发展。正是它们决定了大脑的外观。

"事后诸葛亮"住在后脑中吗？

哺乳动物大脑的主要分区和结构

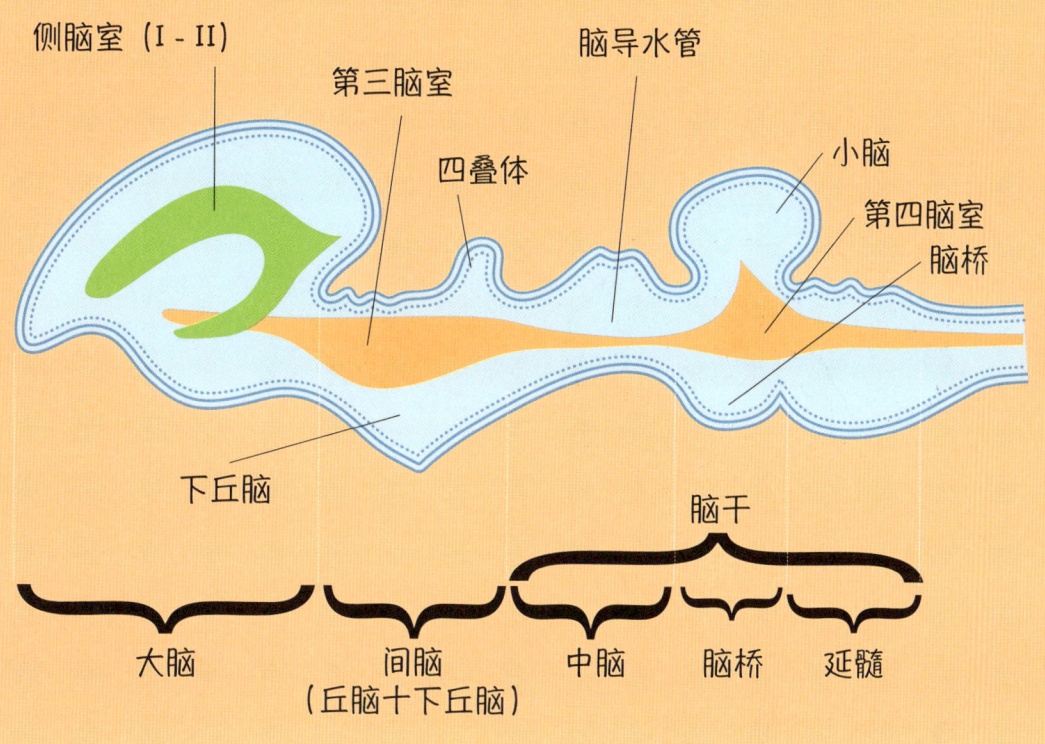

如果在两个半球中间切一个口，就可以看到大脑的所有分区。

在大脑的下表面可以更清晰地看到一些结构。

这里我们需要回顾一下核桃仁的结构，它与大脑的结构非常相似。

大脑

A. 侧视图

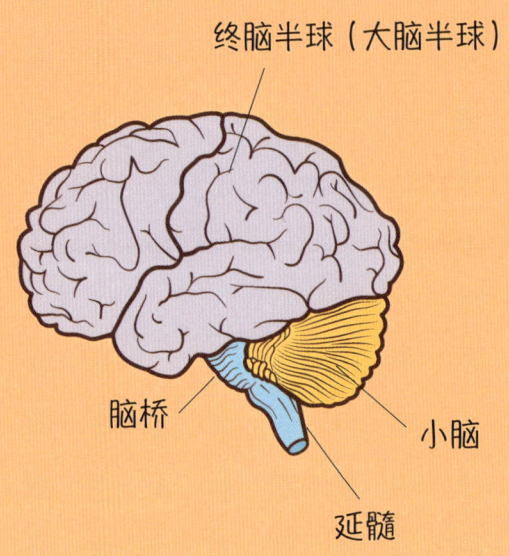

B. 中间（内侧）切面

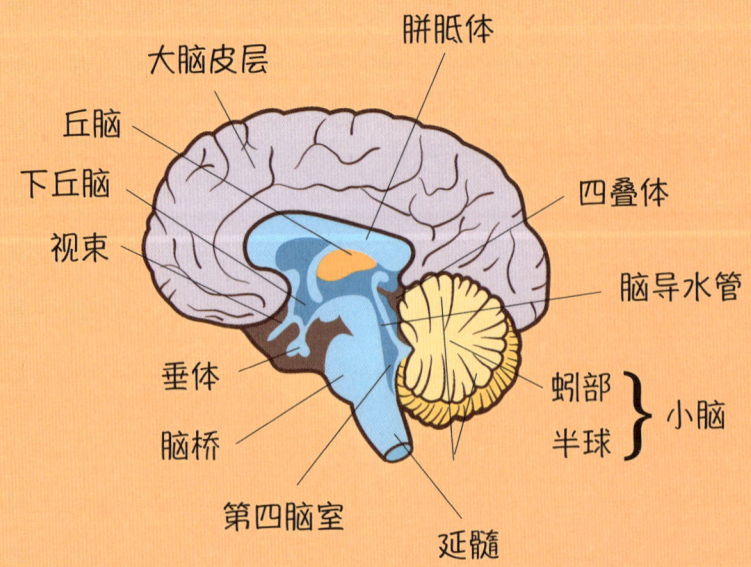

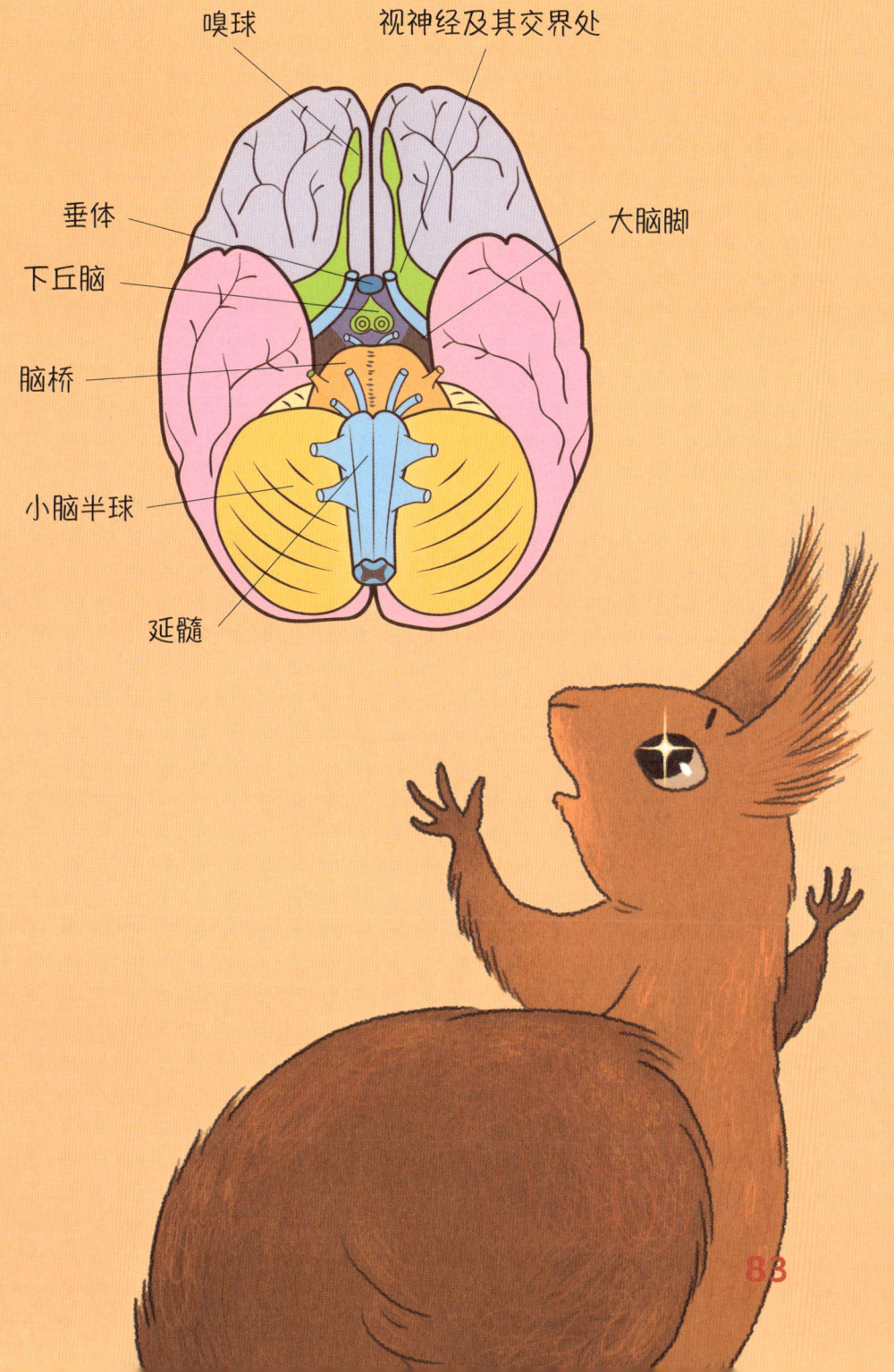

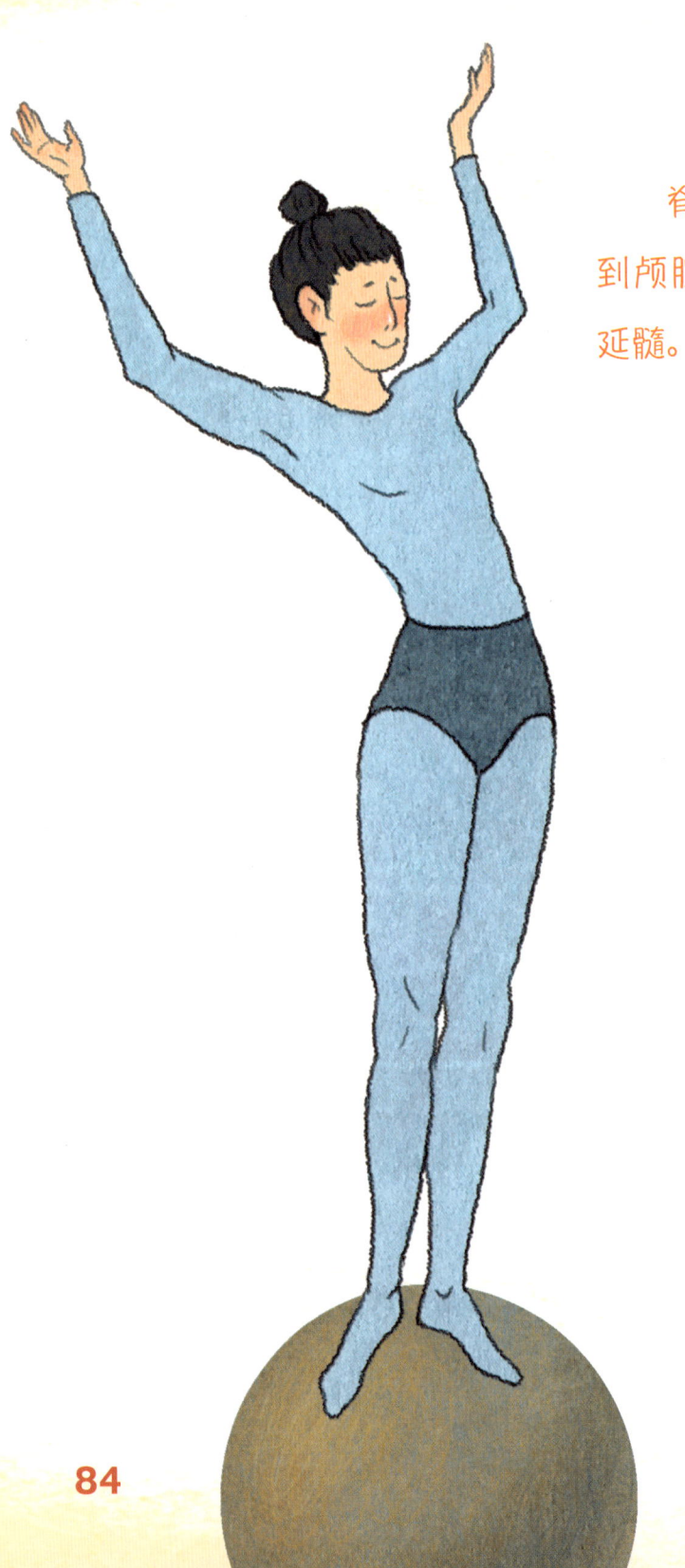

脊髓向上延续到颅腔内的部分是延髓。

延髓

延髓保留了脊髓的一些结构特征，但也有不同之处。脊髓中央管周围的灰质结构在延髓中转变为由感觉核、运动核和自主神经核组成的复合体。脊髓灰质的中间区域相当于位于延髓中央的网状结构。延髓的中央管变成第四脑室。

从形状上看，延髓像一个倒置的截面锥体，高约30毫米，与脊髓交界处宽10~12毫米，与脑桥交界处宽20~25毫米。

有4对脑神经起源于延髓，另外3对起源于脑桥边界。

进入延髓的脑神经负责传递来自头部、皮肤和肌肉，以及味觉、听觉、前庭系统和内脏器官的信号。

网状结构神经元对这些信号进行分析，并根据从其他大脑结构接收到的信息，做出进行反应的决定。延髓的反应是通过咀嚼肌、面部肌肉、咽肌、喉肌、舌肌、颈肌和肩胛肌实现的。延髓运动核中的神经元轴突（类似于脊髓灰质的前角）通向这些肌肉。

延髓的自主神经核类似于灰质的侧角，它们是迷走神经的发源地。迷走神经向胸部和腹部的内脏传递副交感神经信号。

在延髓的网状结构中，有一些重要中枢，它们的神经元决定着内脏器官对来自感受器的信号的反应性质。这些中枢包括血管运动中枢、呼吸中枢、吞咽中枢、唾液分泌中枢、咀嚼中枢、吸吮中枢、打喷嚏中枢、咳嗽中枢、睡眠中枢和觉醒中枢。

延髓的任何损伤都会对身体造成严重后果，甚至可能导致死亡。

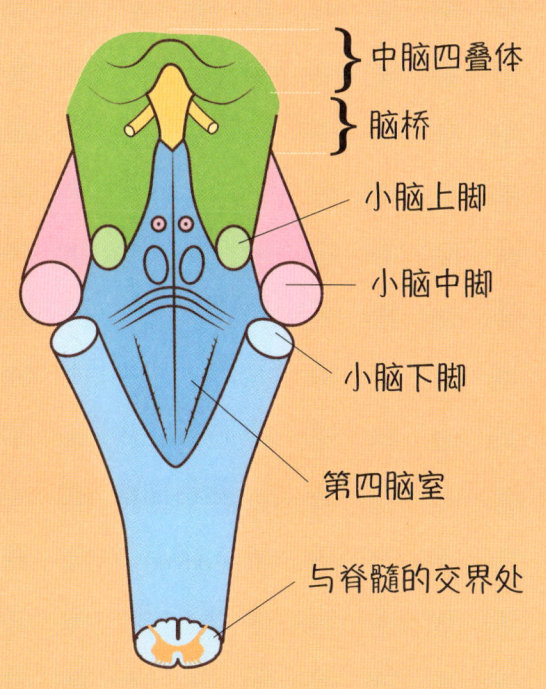

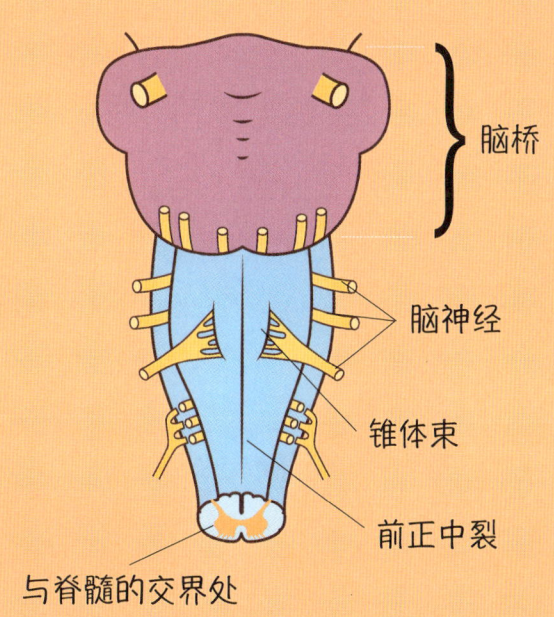

小脑

上一次去诊所体检时，你去看神经科医生了吧。还记得医生让你怎么做吗？首先，你需要站直，闭上眼睛，然后向前伸展双臂并将它们张开。最后，单手用食指敲击鼻尖。

这些看似毫无意义的动作为医生提供了宝贵的信息，可以让他据此了解小脑的状态。

小脑是后脑的一部分。它通过三对所谓的"脚"和"脑桥"及延髓相连。小脑的神经纤维分布在小脑"脚"中。与大脑一样，小脑也由两个半球组成。两个半球之间的部分被称为蚓部。

从外部看，小脑的所有结构都覆盖着三层皮层。皮层表面有深沟，沟与沟之间有回。这种结构使得小脑皮层的面积大大增加。

脑核位于小脑半球深处的蚓部。

小脑的不同部分具有不同的进化年龄和功能。根据这些特征，小脑可分为古小脑、旧小脑和新小脑。

你哪儿不舒服？

小脑在大脑中的位置

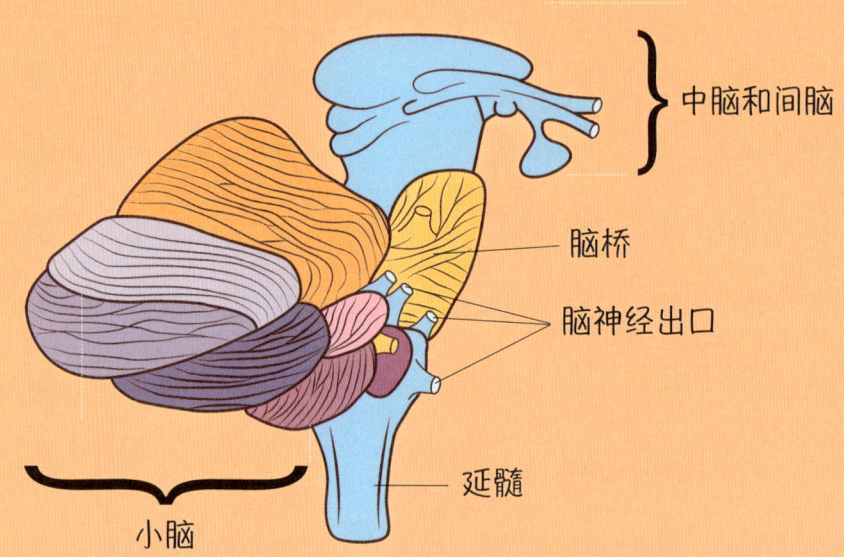

小脑表面褶皱

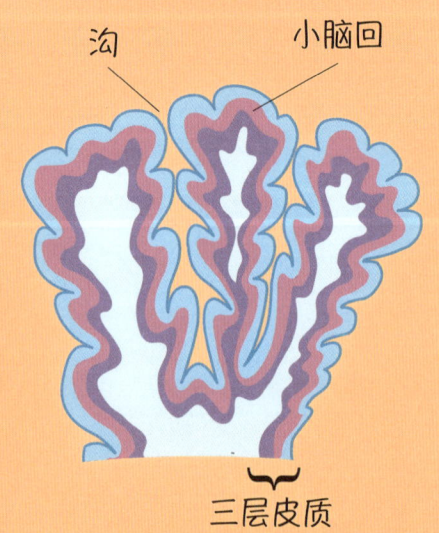

小脑皮质
（按进化过程中的起源时间分类）

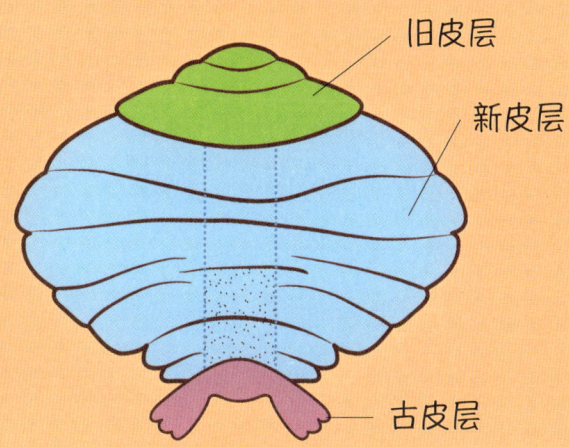

小脑水平切面

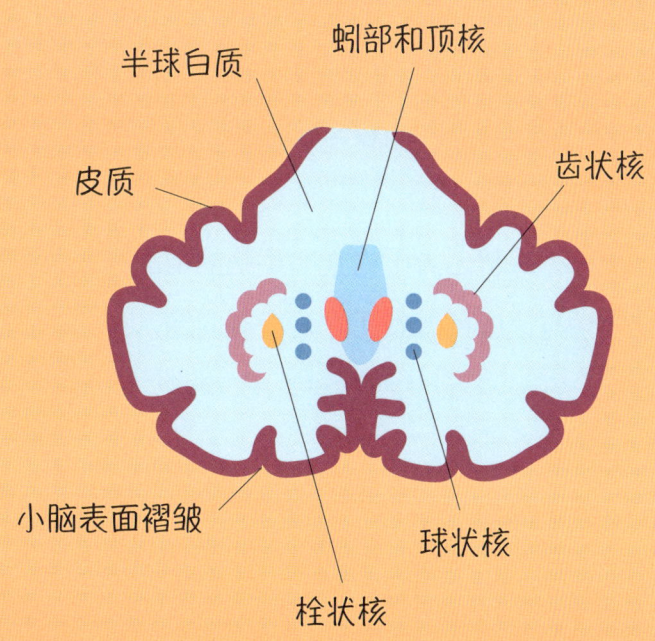

在神经科科室

古小脑包括蚓部的一部分和与其相邻的小脑半球后部。这部分小脑在五亿年前的鱼类中就已经存在了，能够保障鱼类在水生环境中维持平衡，控制眼球的活动。古小脑皮层通过前庭器官感受头部及全身的位置信息。如果它受损，人保持平衡的能力就会受损，步态会受到影响，还会头晕和恶心。神经科医生要求你站直并伸展双臂就是为了检查古小脑的状况。

旧小脑包括蚓部的绝大部分和小脑半球的上叶。这部分小脑的发育与脊椎动物离开水面有关。因为需要保持姿势和必要的肌肉张力，控制肌肉适时收缩，以及确保肢体运动的准确性，所以在陆地上行走需要肌肉骨骼系统付出更大的努力。旧小脑核与中脑运动核、网状结构和脊髓之间的联系保证了这一点。你可能已经猜到，神经科医生让你触摸鼻尖就是为了检查旧小脑的情况。完成这项检查的准确性与速度可以表明它是否有问题。

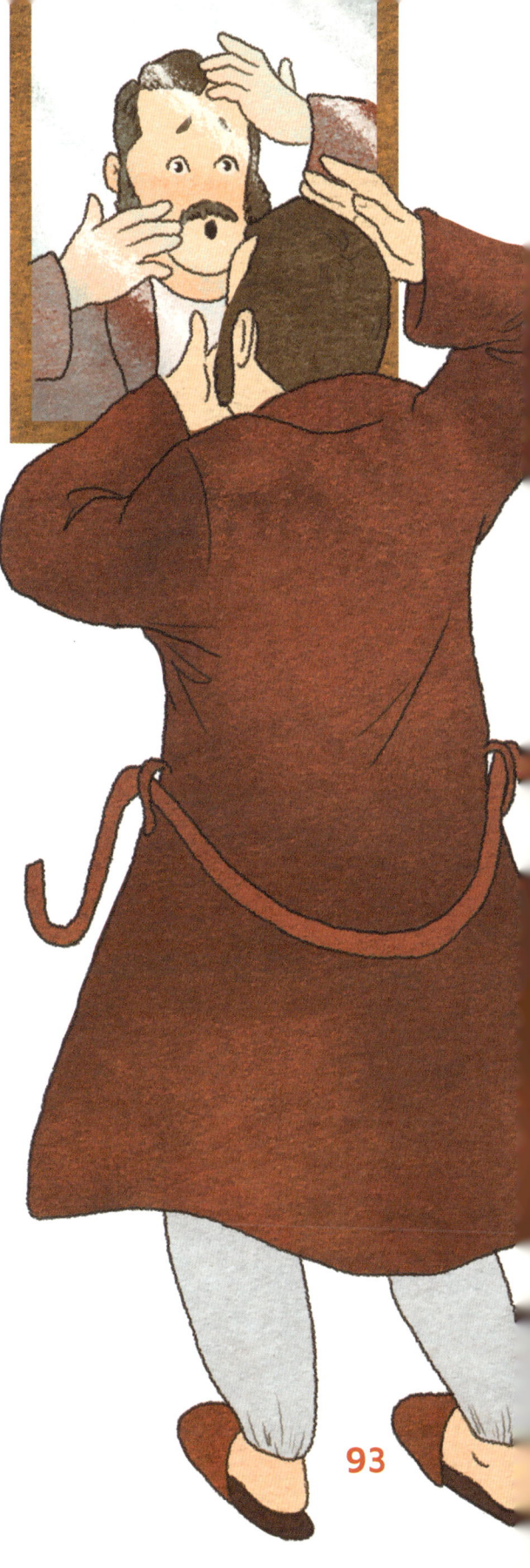

看看自己的反射是否正常……

随着四肢精确动作的逐渐完善，**新小脑**不断发育，这主要体现在手掌、手指、舌头和声带的运动上。新小脑皮层受损会导致肢体不协调，比如书写变差、言语困难、四肢肌肉不自主颤抖，也就是医学中所说的"震颤"。

新小脑能够与大脑半球中的运动皮层和丘脑相互联系。新小脑最重要的功能是运动记忆。运动记忆来自运动皮层的运动程序，从而形成人们所说的自发行为。凭借新小脑的这种能力，人们才发展出演奏乐器、在键盘上打字等技能。

大多数小脑的神经元都具有抑制性。这表明，与其说小脑能形成运动指令，不如说它能完善、纠正和记忆这些指令。

与其他脊椎动物相比,鸟类的小脑特别发达。当然,这与它们能够飞行有关。与行走或游泳相比,在空中飞行对肌肉骨骼系统来说是一项更为复杂的任务。

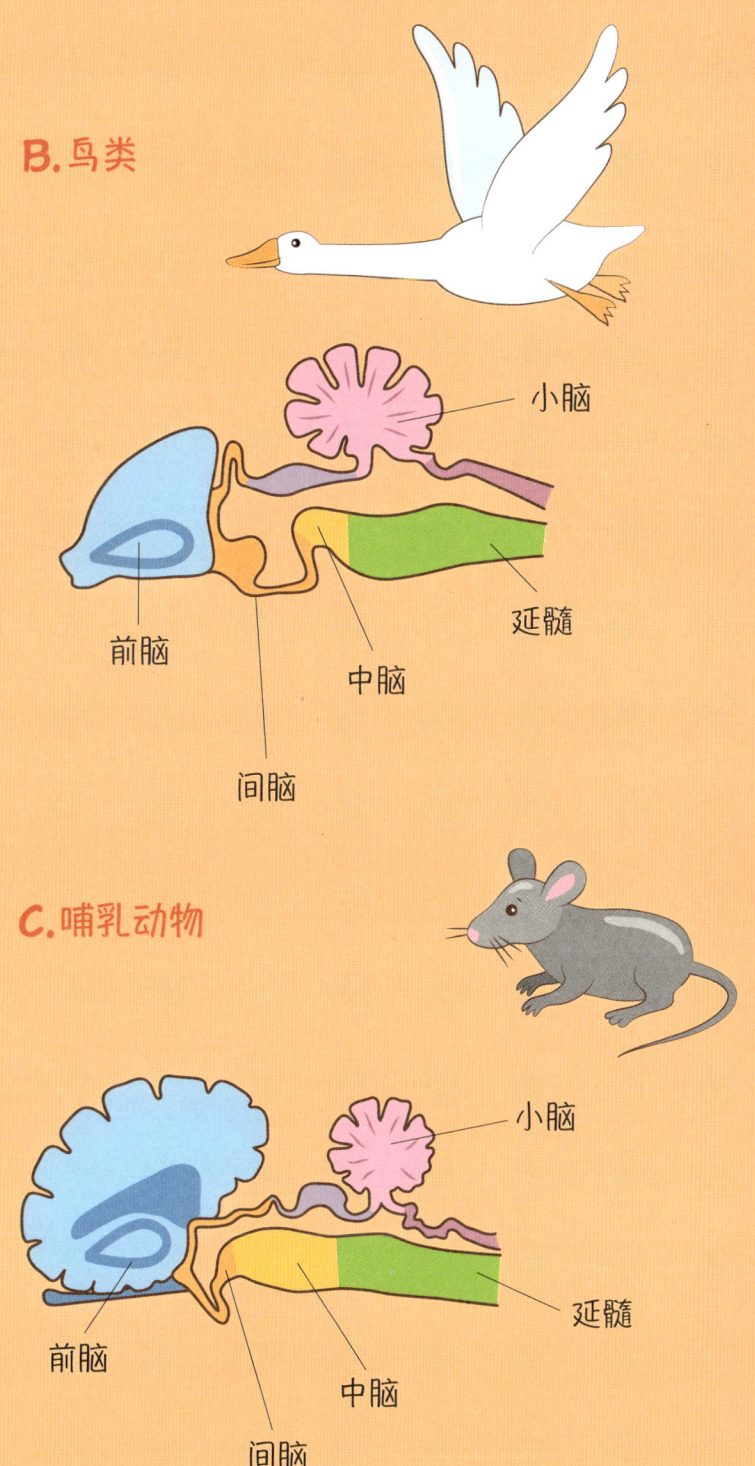

瓦罗里奥桥

中枢神经系统中各个结构的解剖学名词多种多样。在脊髓中，与动植物有关的术语占主导地位，如蝴蝶、脚、根。而在大脑中，与工程学相关的术语占主导地位，如导水管、顶盖、漏斗、帐篷、桥。

脑桥与小脑同属后脑，它一侧与延髓相邻，另一侧与中脑相邻。从外观上看，它就像一个横卧在脑干上的圆筒。

第四脑室通过这个圆筒之后才能进入大脑导水管，因为脑桥横跨在它们之间。

与其他大脑结构一样，脑桥也具备传导和反射功能。

脑桥核的灰质负责完成反射功能，而白质负责传导功能。

大多数神经核集中在脑桥的上部，形成神经丛。这些核团包括脑神经核团（从第五核团到第八核团）、网状结构核团和听觉系统核团。脑桥核中有呼吸中枢的一部分。

我们需要注意的是被称为"蓝斑"的神经核团。该核团控制着中枢神经系统的基本活动，包括控制压力，还与记忆、情绪和某些自主神经系统的功能调节有关。

在桥基下方，有一些连接大脑皮层运动区和小脑白质的通路。其中一些通路在被称为脑桥核的小核团中切换。

脑桥以 16 世纪意大利解剖学家科斯坦佐·瓦罗里奥（Costanzo Varolio）的名字命名。

中脑

中脑中央有一条连接第四脑室和第三脑室的狭窄管道，叫作**中脑导水管**。它的直径约为1毫米。

在中脑的上部，也就是顶盖，有两对圆形小丘，叫作四叠体。上面的两个小丘属于视觉系统，下面的两个小丘属于听觉系统。

这里是接收来自视网膜和内耳耳蜗的"原始"信息的地方。对感觉信息的详细分析是在大脑半球的皮层中进行的，而四叠体只对视觉或听觉领域的变化做出反应。

视觉领域包括新物体的出现、移动、大小和颜色的变化等。听觉领域则包括新声音的出现、声音强度的变化、声音的移动等。收到这些信号后，为了获得更好的视听效果，我们会将头转向刺激物的方向。这种反应被称为定向反射，在鱼类中就能观察得到。

中脑向下以脑桥为界,向上以间脑为界。它是大脑中最短的部分,长度不到 2 厘米。

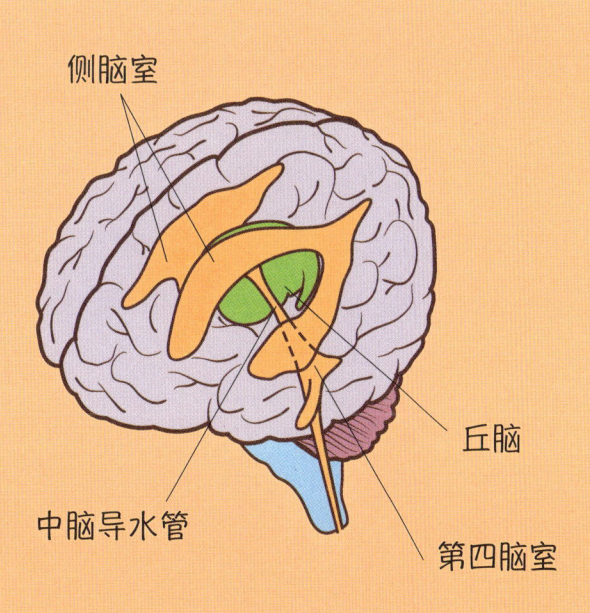

侧脑室
丘脑
中脑导水管
第四脑室

中脑横截面

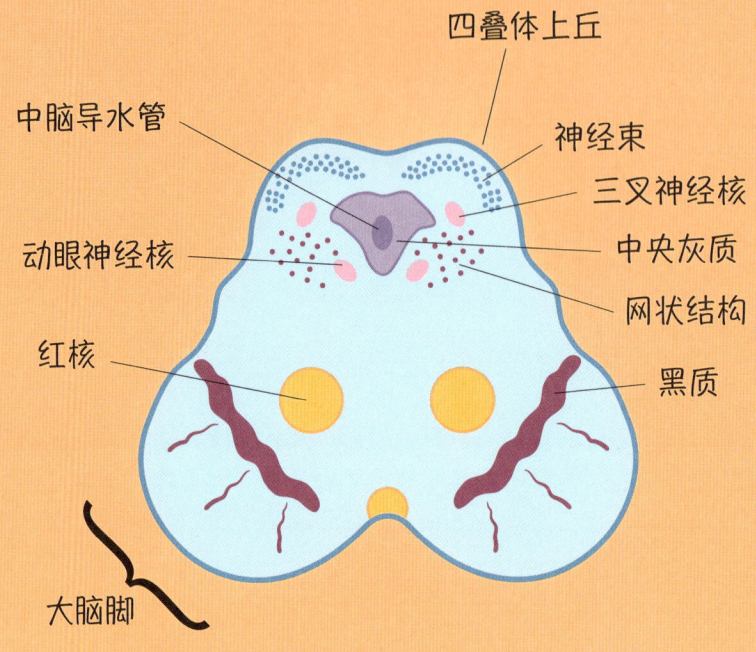

中脑导水管的周围是中央灰质,它参与调节疼痛,也是主要的睡眠中枢之一。

中脑下部是大脑脚。它们从脑桥中钻出,头部朝前并逐渐分散。大脑脚主要由白质组成,这些白质纤维束在脑干上下穿行。除了白质,这里还有几个核团。其中最重要的核团是与运动组织有关的红核和黑质。

红核参与维持肌肉张力和控制肢体弯曲，与小脑核团相连。

黑质神经元参与调节运动的总体水平，并控制眼球运动。这些神经元的轴突沿着大脑半球的运动中枢分布，并在那里分泌一种特殊的介质——**多巴胺**。

多巴胺分泌的增加会提高运动效率，而运动又能带来积极情绪，如跳舞、锻炼等带来的"肌肉愉悦感"。

间脑

间脑由上部的两个大小相近的丘脑（背侧丘脑）和下部两个不对称的丘脑（下丘脑、底丘脑）组成，还包括两个内分泌腺——垂体和松果体。间脑的腔室呈狭长形，叫作第三脑室。

两个背侧丘脑形状像鸡蛋，长约4厘米，尖头朝前，后端变宽变厚。背侧丘脑的大部分体积被灰质占据，里面大约有40个核团。这些核团按功能可分为感觉性核团、运动性核团和联络性核团。

背侧丘脑最重要的功能与感觉性核团有关，即有选择地将信息传导到大脑半球的感觉皮层。丘脑就像一个秘书，让有急事的访客进来，而让那些不着急的人留在办公室门口。

间脑是中脑的延伸。它的顶部被大脑半球覆盖，前部有视神经。

这样，终脑就不会因为信息过多而应接不暇，可以专注于更有意义的信号。

丘脑的运动性核团与小脑和大脑半球的运动中枢相连。而联络性核团则帮助大脑皮层的高级中枢（思维过程、决策）工作。

下丘脑是维持机体平衡（即自我调节）的最高级中枢。下丘脑通过影响内分泌系统、内脏器官的工作，以及与各种生理需求相关的行为来维持体内环境主要指标的稳定。因需求是否得到满足而产生的积极和消极情绪就是下丘脑参与形成的。

下丘脑通过与垂体形成"下丘脑–垂体"系统来调控内分泌系统。下丘脑神经元能够合成肽类激素并将其释放到血液中，从而保障神经系统和内分泌系统之间的协调合作。

肽和蛋白质一样,是由氨基酸残基组成的分子。但肽中氨基酸残基的数量要少得多。

下丘脑通过影响自主神经系统来影响内脏的工作。下丘脑核团是自主神经系统的高级中枢。

下丘脑的前部区域是**性行为和育幼行为控制中枢**的一部分。它们的活动取决于血液中性激素的浓度。

饥饿和口渴中枢位于下丘脑的中部。它们的活动取决于血液中葡萄糖和盐的浓度。

下丘脑后部有**恐惧和攻击中枢**，它们与安全需求有关。恐惧中枢可以动员所有身体系统避免危险和麻烦，而攻击中枢则会攻击危险和麻烦的源头。

血糖水平正在下降，我们需要通知大家！

下丘脑的结构

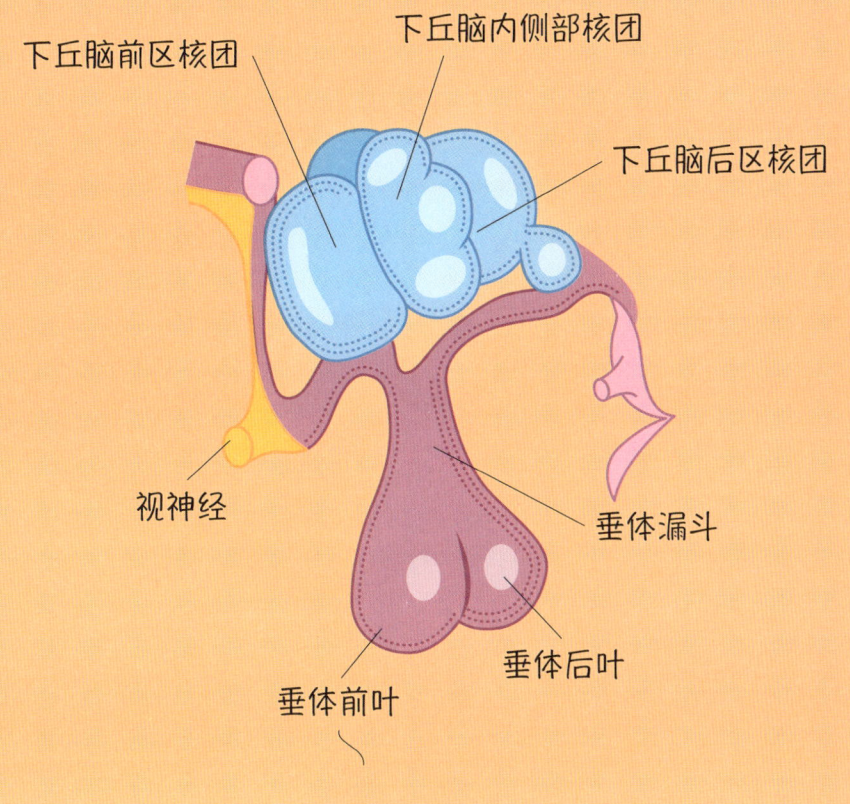

在间脑后部的中心位置,有一个叫作"上丘脑"的小巧结构。在解剖学上,它与内分泌腺"松果体"相连。上丘脑从视觉器官接收光照信息,从而获得有关昼夜变化的信息。这些信息被传递给松果体,松果体据此分泌褪黑素和血清素。白天血清素分泌多,夜晚褪黑素分泌多。

端脑是人脑中体积最大的部分。它包含约 900 亿个神经元。

端脑

大脑由相互连接的两个半球组成。大脑半球的表层覆盖着皮质，这是一种灰质，里面的神经元规则地按层分布。在半球的深处，被白质包围的是端脑的核团，被称为基底核或基底神经节。大脑半球内的腔隙是侧脑室。

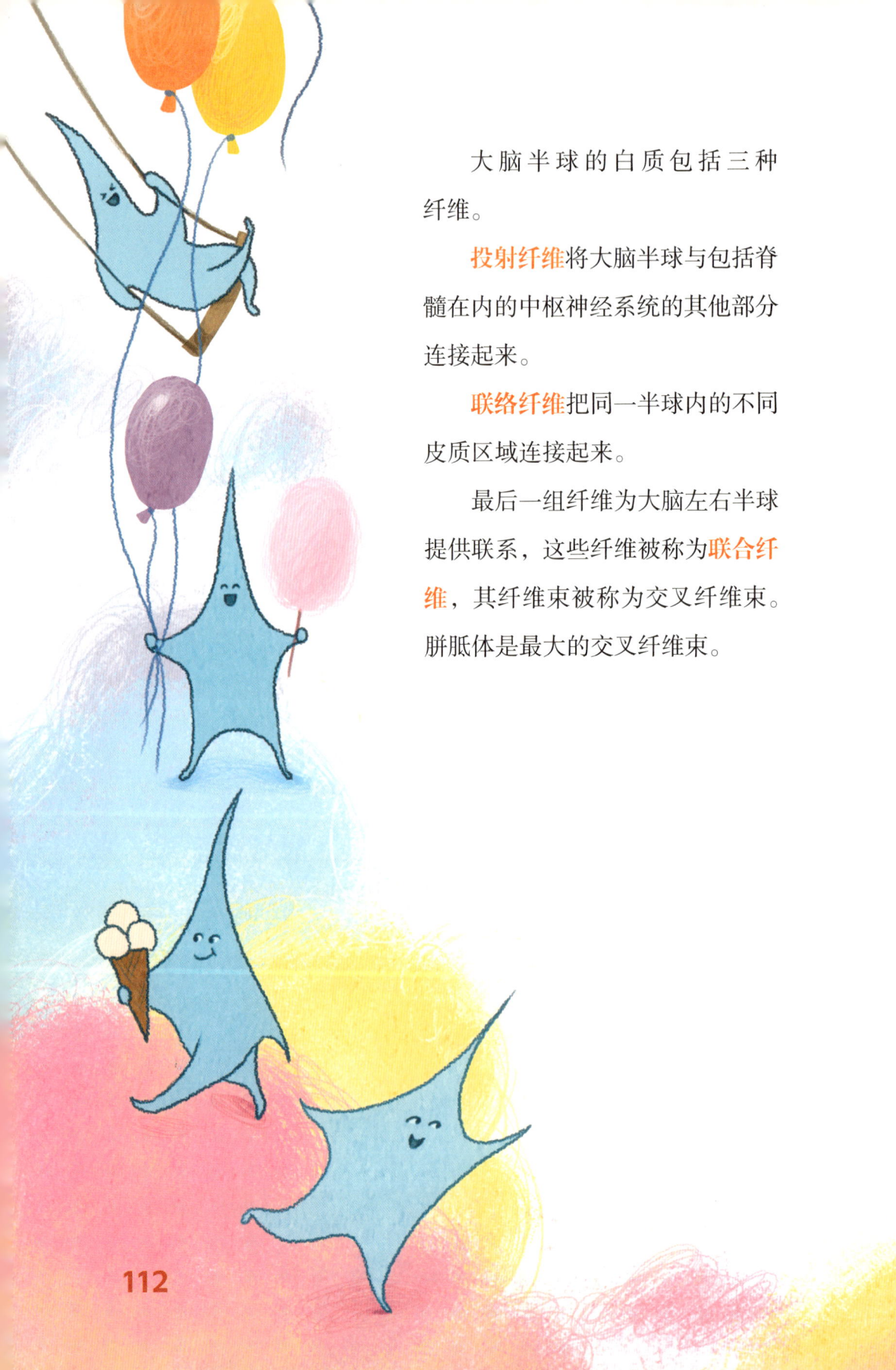

大脑半球的白质包括三种纤维。

投射纤维将大脑半球与包括脊髓在内的中枢神经系统的其他部分连接起来。

联络纤维把同一半球内的不同皮质区域连接起来。

最后一组纤维为大脑左右半球提供联系，这些纤维被称为**联合纤维**，其纤维束被称为交叉纤维束。胼胝体是最大的交叉纤维束。

大脑半球中的基底神经节

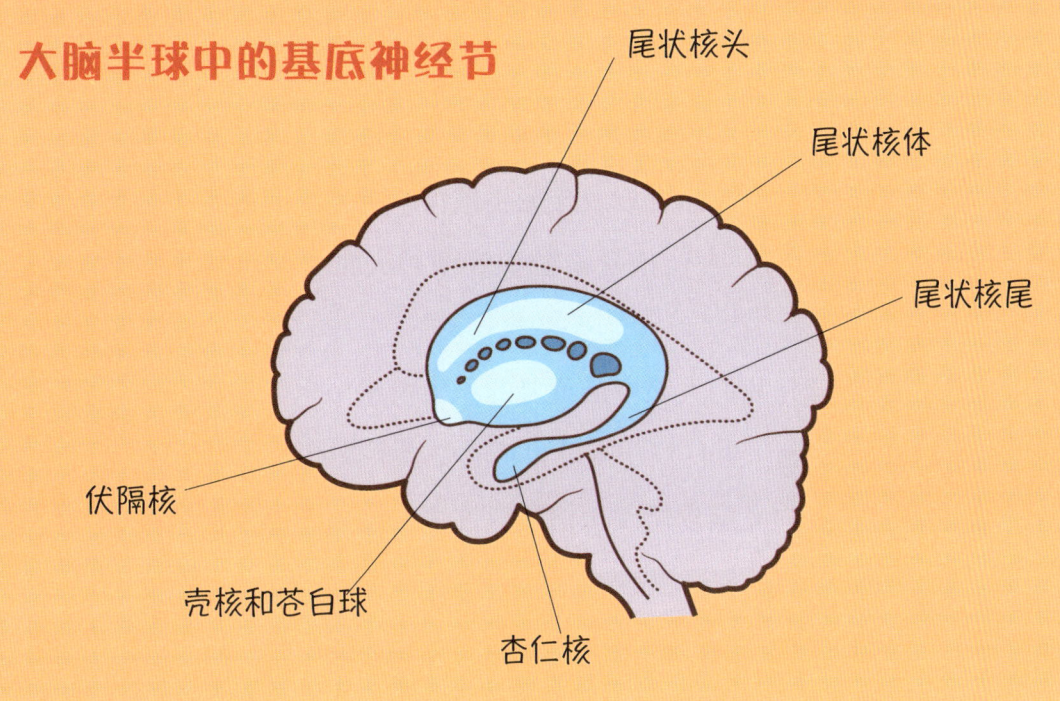

基底神经节（基底核） 包括尾状核、豆状核、屏状核、杏仁核和伏隔核。

其中前三个核参与控制运动的工作。它们与大脑皮层的运动区、丘脑和中脑黑质相连，控制某些运动程序的启动。与小脑一样，基底核也参与学习运动程序，从而将重复动作转化为自发动作。

杏仁核与大脑皮层和下丘脑有许多联系，在调节攻击、恐惧和其他情绪，以及控制生理需求等方面起着至关重要的作用。杏仁核受损会导致精神失常、抑郁和狂躁。

伏隔核是我们大脑中最重要的积极情绪中枢。它接收来自下丘脑、杏仁核、蓝斑和其他皮层下核团的信息，并通过丘脑向大脑皮层发送信号。许多获得快乐和基于快乐而学习的心理过程都需要伏隔核的参与。

大脑皮层是神经系统中最年轻的结构。类似大脑皮层的结构最早出现在爬行动物身上，但直到哺乳动物才完全发育成熟。

大脑半球的大脑皮层是中枢神经系统的最高指挥部门，负责感知和分析进入大脑的所有信息，控制复杂的运动反应，进行思维和语言活动，产生意识并做出决策。

大脑皮层外部覆盖着许多褶皱。在深浅不一的褶皱之间还有脑回。这种结构大大增加了大脑皮层的表面积：成年人大脑皮层的表面积为2200~2400平方厘米。

大脑沟将每个半球分为五个叶：额叶、顶叶、枕叶、颞（niè）叶和岛叶。在两个半球之间，胼胝体和脑干周围有一组脑回，它们属于第六边缘叶。

大的沟回对每个人来说都是一样的，但小的沟回却因人而异。

与小脑一样，大脑皮层也可分为古皮层、旧皮层和新皮层。古皮层和旧皮层占据半球之间和颞叶下方表面的一小块区域。

古皮层参与分析来自嗅觉感受器的嗅觉信息。

旧皮层参与学习的过程。它受损时，短期记忆会受到影响，随后长期记忆的形成也会受到影响。

新皮层约占整个端脑皮层的95%。其厚度可以达到3毫米。新皮层有6层，而旧皮层的层数较少。大脑皮层的每一层都有结构和功能相似的神经元。

大脑皮层的叶

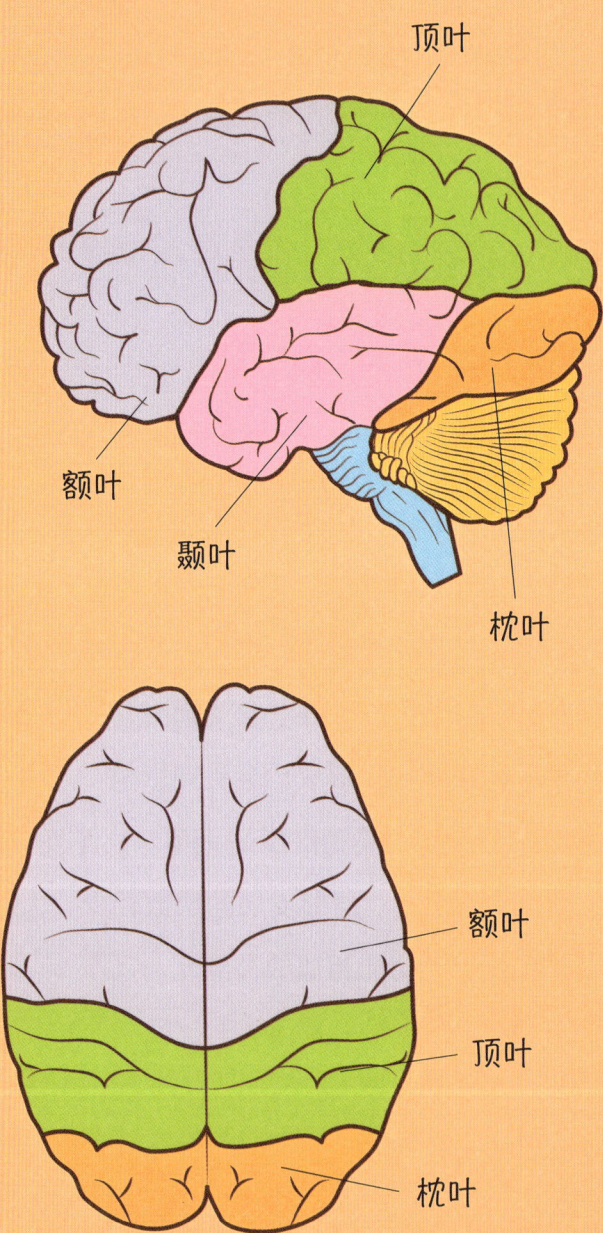

整个新皮层根据功能可以分为三个区域：感觉区（感觉皮层）、运动区（运动皮层）和联想区。

感觉区接收来自丘脑感觉核的神经轴突，其中有听神经轴突（颞叶皮层）、味觉神经轴突（岛叶）、视神经轴突（枕叶皮层）、触觉神经轴突（顶叶前部）等。这些皮层区域与感觉器官相互对应。

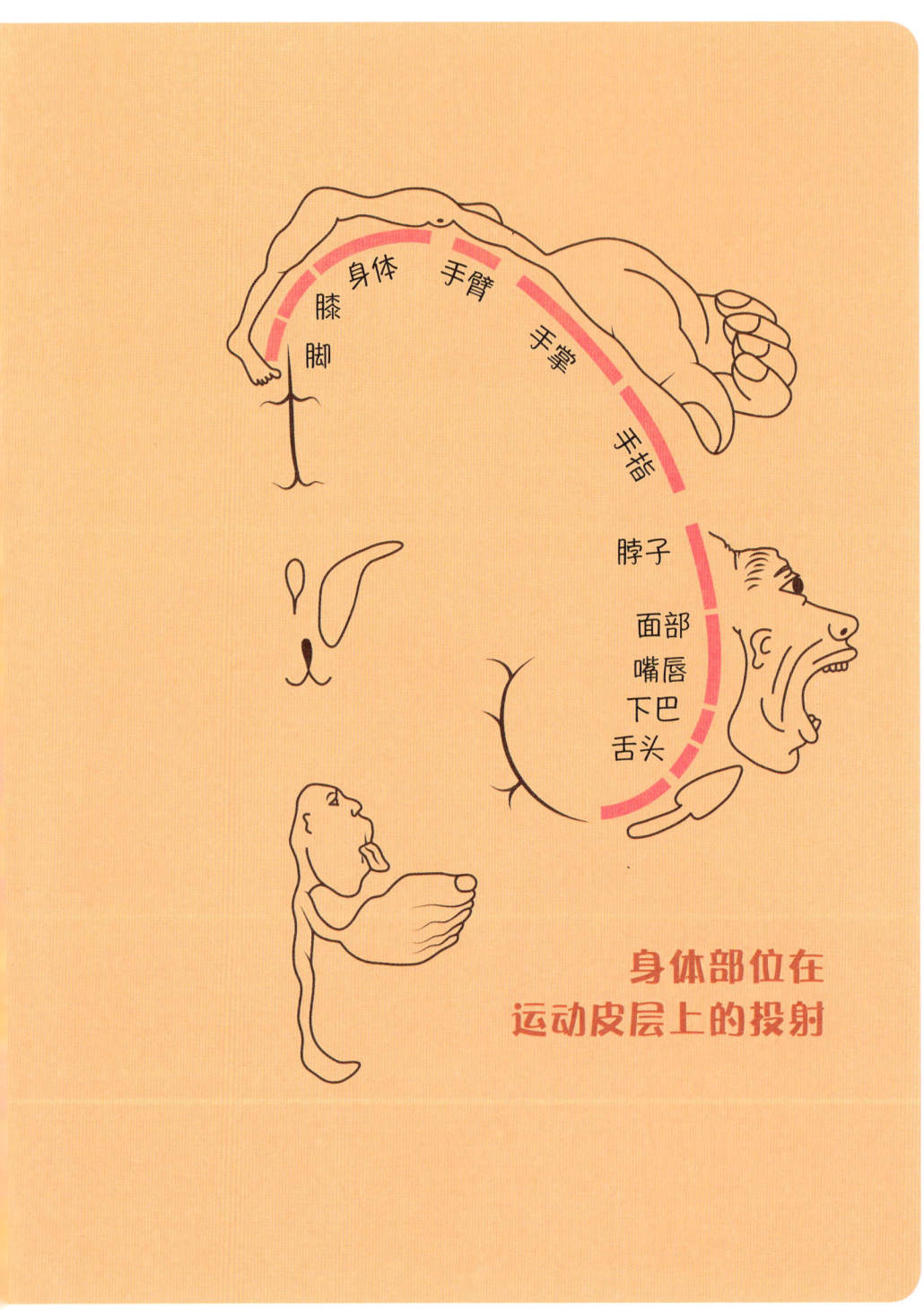

身体部位在运动皮层上的投射

在运动皮层，某些神经元群与身体的特定区域和肌肉群相关联。运动皮层可以将信号投射到小脑和脊髓，进而投射到身体的肌肉群。

联想区由神经元组成，它们将不同的信息流连接起来并进行比较和联想。联想区的神经元是实现高级心理机能的基础，这些功能包括语言、思维和意志。联想区是"最年轻"的区域，在灵长类动物中最为发达，而我们人类联想区的水平则是最高的，它占整个大脑皮层面积的一半以上。

高级心理机能

大脑中最重要的是联想区顶叶皮质和额叶皮质，前者位于顶叶和部分颞叶的后部。这一区域位于所有主要的感觉区域之间，收集和整合来自不同感觉器官的信息流。

联想区顶叶皮质可以调动视觉、听觉、嗅觉和其他感觉器官。例如，我们在学习"橘子"这个名词时，会将橘子的外观、味道、气味、触感、重量与"橘子"这个词语结合在一起，学外语时也是如此。联想区顶叶皮质是最重要的思维和预测行为后果的中心。

联想区额叶皮质非常重要，它位于额叶前部，负责选择和启动行为方案。联想区额叶皮质能考虑到我们当前的需要（来自下丘脑和杏仁核的信号），也能接收来自记忆中心（古皮层）的信息、经过处理的感觉信号，以及思考的结果。

联想区顶叶皮质能够控制联想区额叶皮质的活动，从而取消已经选定并准备运行的程序。比如从长远来看，如果某一程序意义不大，它就会被取消。在这种情况下，我们就需要考虑人的意志和意识。

自主神经系统

也许你曾经想过：为什么我们可以随意控制骨骼肌的收缩，却不能改变心脏收缩的强度和频率、唾液的分泌量或泪水的多少呢？答案是这样的：骨骼肌由躯体神经系统控制，其最高级中枢位于大脑皮层。而心肌和平滑肌、各种腺体则由植物性神经系统（自主神经系统）调节，它与大脑皮层没有直接联系。

今天我将流下整整 18 桶眼泪！

这个神秘的自主神经系统是如何形成的呢？

要回答这个问题，我们得先从运动神经元的位置说起。在躯体神经系统中，运动神经元位于脊髓灰质的前角。而在自主神经系统中，它们位于脊髓外部，形成被称为"神经节"的生物组织丛集。

不会吧？

中枢（分析器）自主神经元位于脊髓灰质的侧角或延髓。中枢神经元接收来自感觉细胞和大脑中枢的信号。自主神经系统的最高指挥中心是下丘脑。

自主神经系统的突触排列不同寻常。神经末梢的分支靠近受调节的器官，因此突触间隙比细胞体突触大得多。这些神经末梢的"分支"上有许多圆形肿胀，被称为曲张体。

这些肿胀是突触前体，里面的囊泡含有介质。这些介质在动作电位的作用下释放出来，然后通过扩散到达靶器官。

自主神经系统突触的结构

A. 自主神经系统突触的结构

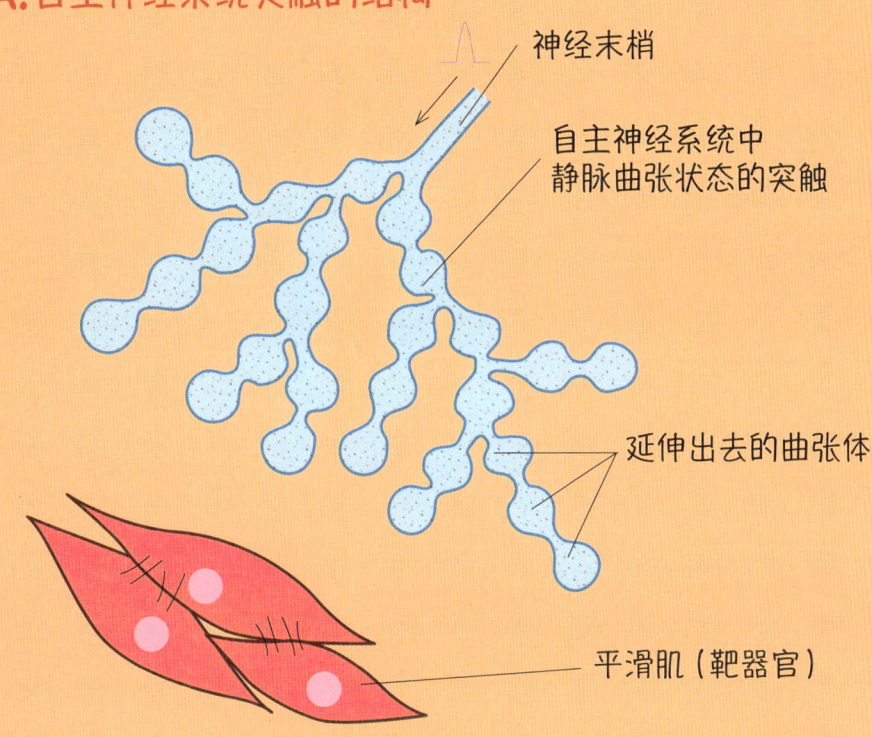

- 神经末梢
- 自主神经系统中静脉曲张状态的突触
- 延伸出去的曲张体
- 平滑肌（靶器官）

B. 自主神经系统突触曲张时的结构

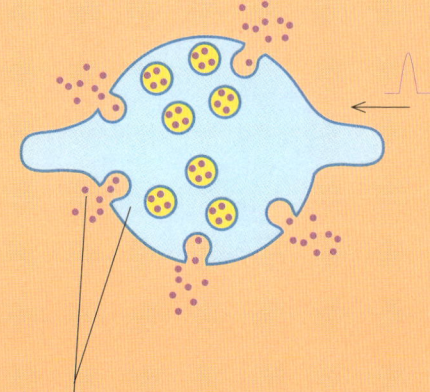

静脉曲张状态下含有介质的囊泡

自主神经系统有三个分支：交感神经、副交感神经和胃肠神经。

交感神经的特点是其神经节要么紧挨脊柱，要么靠近脊柱。向交感神经节发送信号的中枢神经元位于脊髓外侧角。交感神经突触的介质是去甲肾上腺素，它的化学性质类似肾上腺素。与肾上腺素一样，去甲肾上腺素也会在身体处于紧张的工作状态时激活大部分所需器官。因此，自主神经系统的交感神经部分被认为是消耗能量的主要部分。

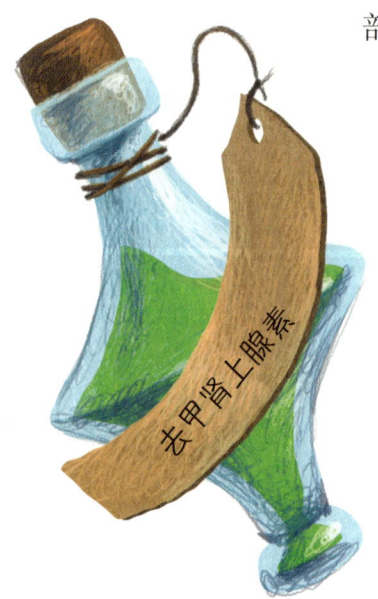

自主神经系统的**副交感神经节**位于受调节器官的器官壁或其附近。在副交感神经元中发挥作用的介质是乙酰胆碱。控制头部、四肢、躯干（直至骨盆）器官的神经节接受来自延髓中枢的指令。控制泌尿生殖系统和消化系统后半部分的器官的神经节听从脊髓骶段神经元的指令。副交感神经系统的功能与放松身体和恢复能量储备有关。

自主神经系统的交感神经和副交感神经对大多数器官的影响是相反的。因此，器官的双重神经支配是一个很值得探讨的话题。

自主神经系统交感神经部分的结构

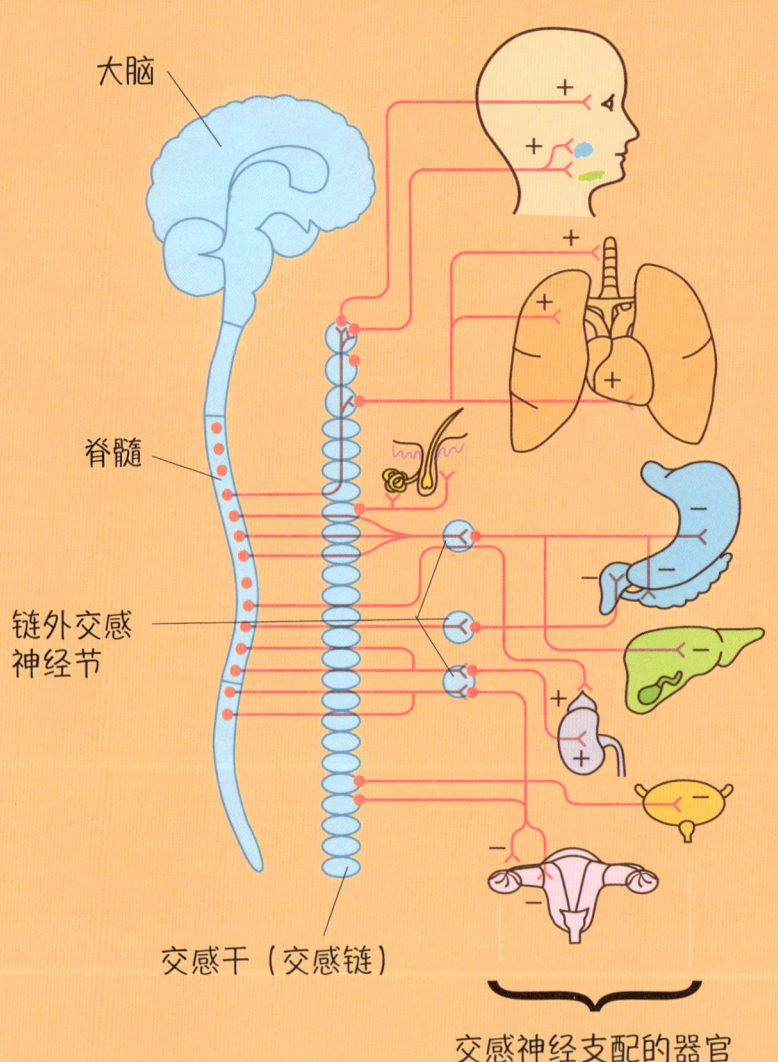

交感神经支配的器官

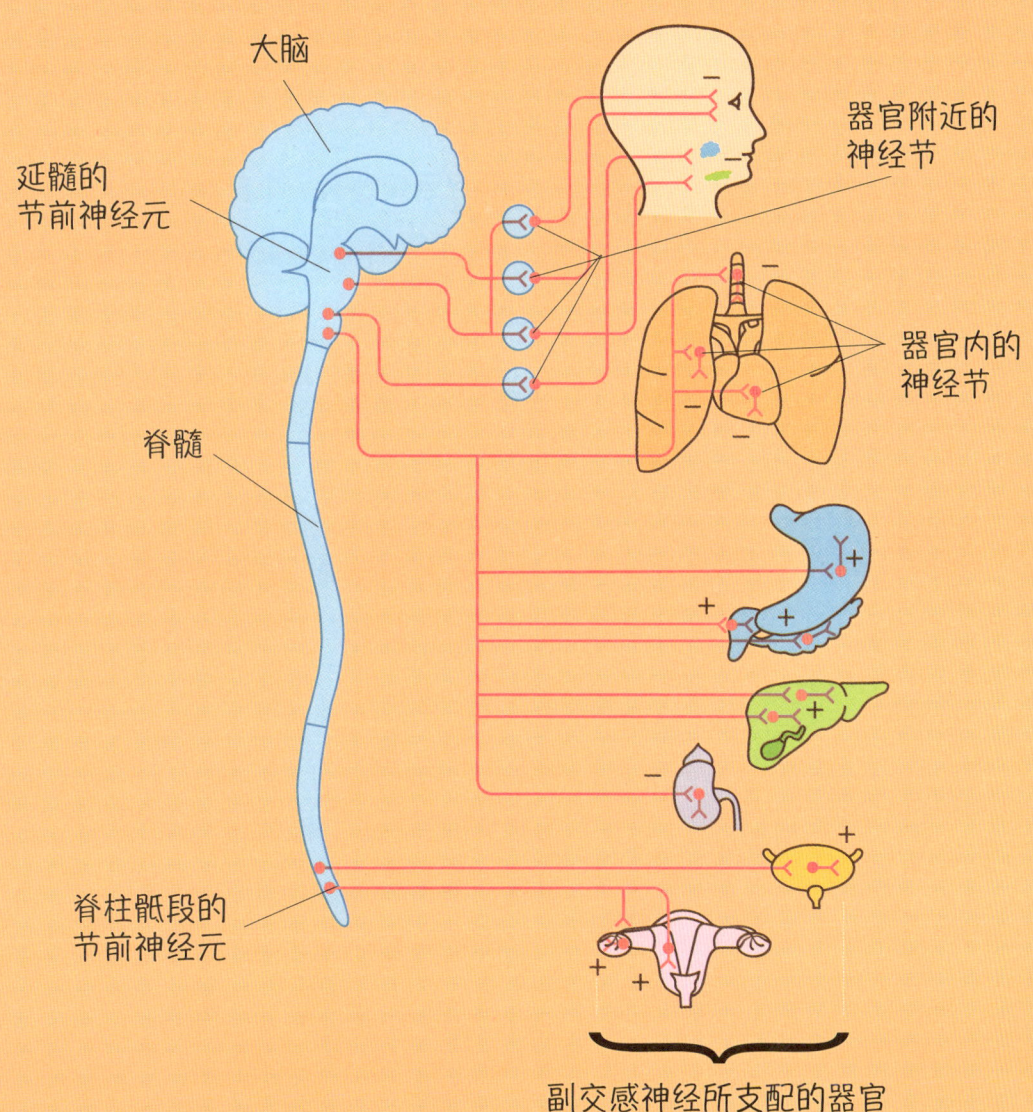

神经支配是指通过神经，把组织和器官与中枢神经系统连接起来。

自主神经系统还有一个部分，即胃肠神经系统。它的特点是反射弧不通过脊髓或大脑。胃肠神经系统的感觉神经元、中间神经元和运动神经元都直接位于器官内部。它在胃肠道壁上最为密集，其神经元数量与整个脊髓的神经元数量相当。虽然高度独立，但胃肠神经系统还是会对交感神经元和副交感神经元发出的指令做出反应。

得益于胃肠交感神经系统，即使来自大脑或脊髓的自主神经受损，许多器官仍能有序工作。例如，肠道依然继续蠕动，心脏依然能够对心壁的舒张做出反应，淋巴管和膀胱还能继续收缩。

感受器和感官的多样性

所有生物都与其生活的环境息息相关，人类也不例外。我们从环境中获得水、氧气和矿物盐等养分。

然而，环境提供的最重要的"产品"是信息。没有信息，人类就无法适应不断变化的外部环境，也无法与其他生物互动。信息借助感觉器官进入神经系统，并由大脑中枢进行分析。感觉器官包括对外部或内部信号做出反应的感受器，以及确保感受器有效发挥作用的其他结构。

有些感受器是由树突或神经细胞体形成的。作为感觉神经的一部分，这些细胞的轴突指向大脑。这类感受器被称为初级感受器，例如皮肤和痛觉感受器。

第二类感受器是特化细胞，它们不属于神经组织。这些细胞发出的信号通过中间神经元传递到大脑。神经元的树突接收来自感受器的信号，而轴突则作为感觉神经的一部分进入大脑或脊髓。这种感受器被称为次级感受器，例如味觉和听觉感受器。

根据感受器所感知信号的性质，可以将其分为感知光的光感受器，感知化学物质的化学感受器，感知压力、触觉、拉力的机械感受器，以及感知温度变化的温觉感受器。

自古以来，人们常说人类拥有五种基本感官，即视觉、听觉、嗅觉、味觉和触觉。能以特殊方式感知世界的人通常被认为拥有"第六感"。其实，人体中这样的感官和系统远远多于六个。

例如，前庭器官会对身体运动的方向和速度变化，以及重力做出反应；肌肉感受器能传递肌肉和肌腱拉伸的信息；痛觉感受器会发出细胞、组织和器官受损的信号；内感受器会评估身体内部环境的状态。

接下来，我们来了解一下主要感觉器官的结构和特征。

视觉系统

我们先从视觉开始认识感觉器官，因为视觉是收集环境信息的主要途径。

眼球结构

- 玻璃体
- 纤维膜（巩膜）
- 血管膜
- 神经膜（视网膜）
- 视神经
- 睫状肌
- 瞳孔
- 角膜
- 晶状体

人类的视觉器官是眼睛。它由位于头骨眼窝中的眼球、视神经和一些辅助结构组成。这些辅助结构包括眼睑、睫毛、泪腺、泪管和能够在眼窝中移动眼球的肌肉。

眼球有三层膜：纤维膜、血管膜和神经膜（视网膜）。

纤维膜又叫巩膜，具有保护功能。它由致密的结缔组织构成，前部有透明的角膜。

血管膜位于中间位置，富含滋养眼睛的血管和色素细胞。血管的可见部分是虹膜，虹膜中央有一个开口——瞳孔。

瞳孔被平滑肌细胞包围，从而能够改变大小，调节到达视网膜的光量。

神经膜或称视网膜，包含能够对光做出反应的感光器和神经元，其轴突构成视神经。

眼睛的**角膜**像一个双凸透镜，能收集光线并将其传给瞳孔后面的晶状体。

晶状体是由活细胞组成的透明弹性透镜。晶状体周围有一条特殊的睫状肌，收缩时能够将晶状体的形状从扁变凸，使我们能够"锐化"视网膜上的图像。较凸的晶状体能让我们看清近处的物体，而较平的晶状体则能让我们看清远处的物体。这个过程被称为调适。

近视和远视的本质

A. 健康眼睛的正常光线折射过程

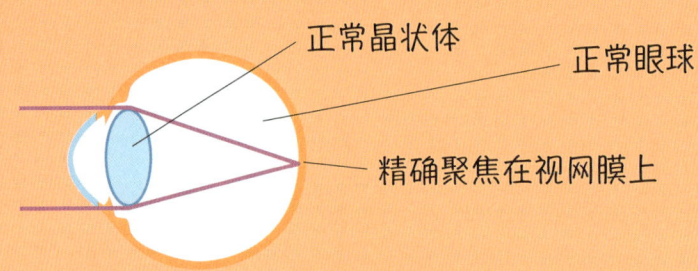

B. 近视

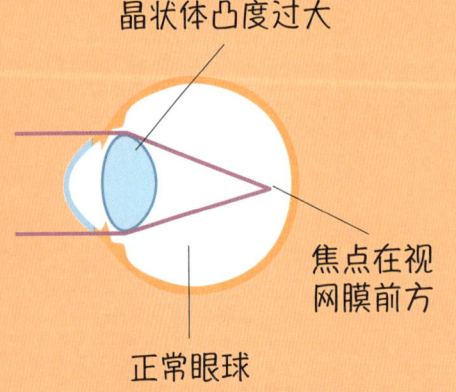

C. 远视

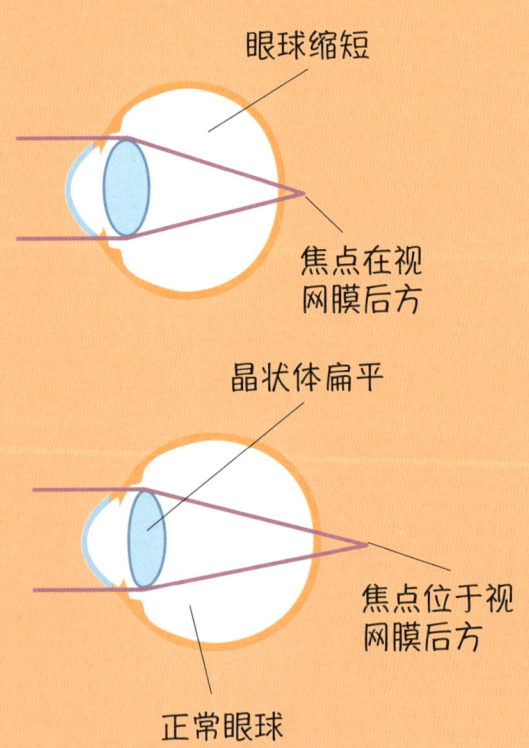

晶状体或整个眼球变形都会影响聚焦。

看东西时，焦点未到达视网膜就是近视眼，焦点位于视网膜后方是远视眼。这些视力问题可以通过佩戴框架眼镜或隐形眼镜来矫正。

视网膜上有一个感光细胞层，包含两类感光细胞：视杆细胞和视锥细胞。此外，还有几层由神经元组成，对来自光感受器的信号进行预处理。

视网膜的神经结构

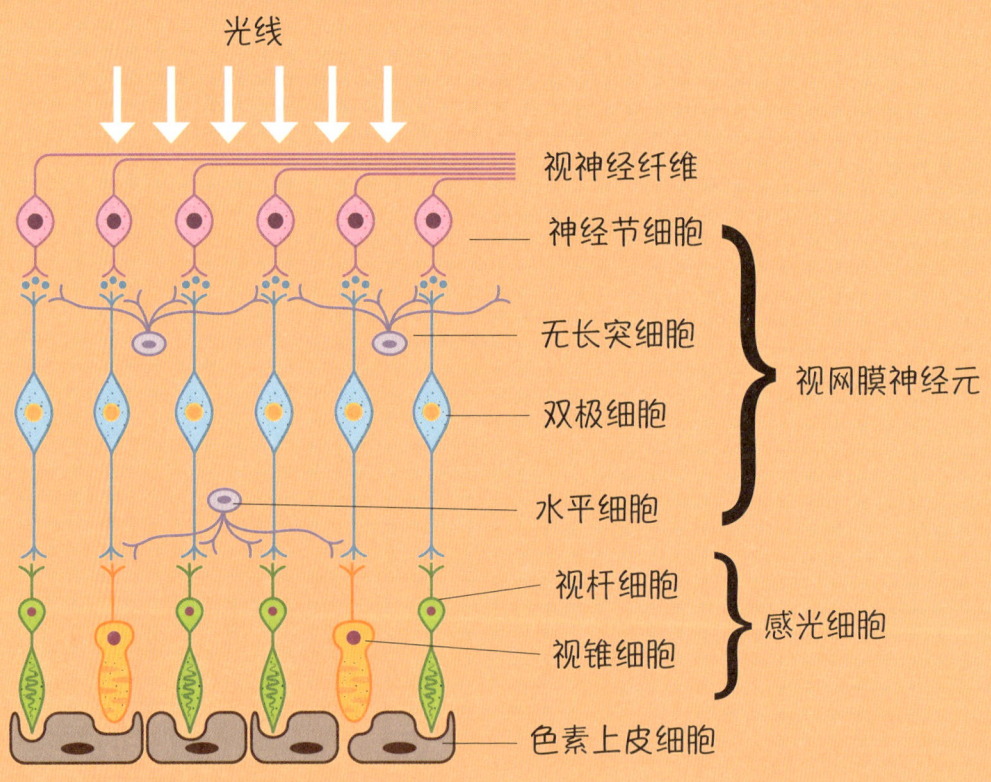

视杆细胞和视锥细胞的结构

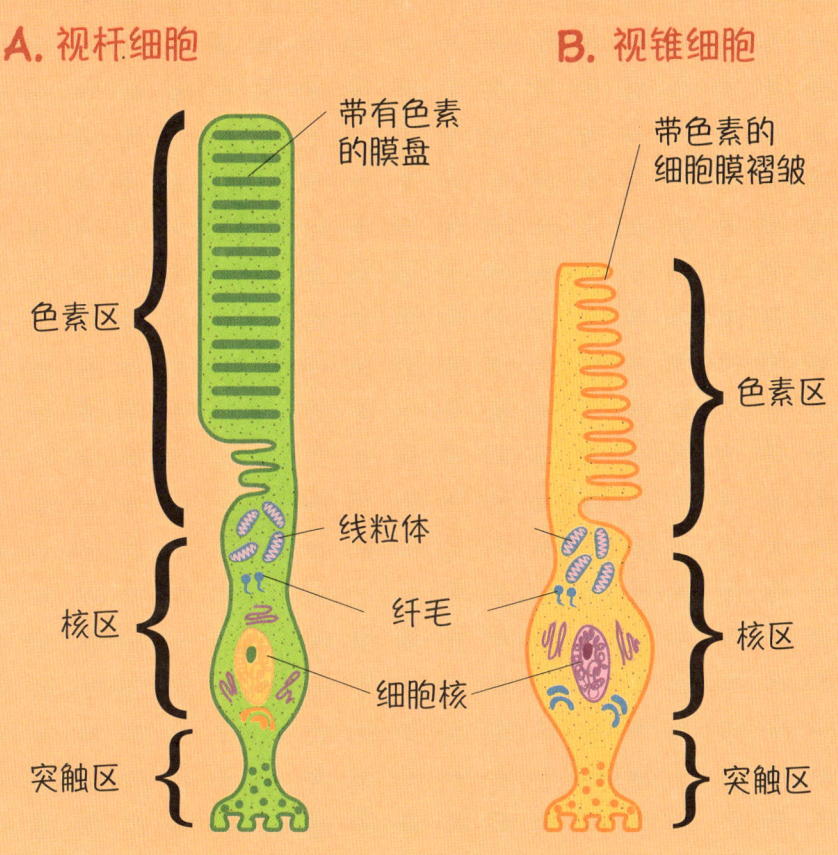

视杆细胞和视锥细胞不均匀地分布在视网膜上。在瞳孔对面的视网膜中央，它们的数量最多；在视网膜的边缘，视锥细胞几乎为零，而视杆细胞的数量则比视网膜中央少一个量级。

视杆细胞能对一定范围内的可见光做出反应。例如，它们对蓝色和橙色的反应差别不大，但能够辨别黑白物像。它们对光的敏感度较高，在强光和暗光下都能工作。

视锥细胞对光线的敏感度较低，只在白天活跃。我们的三种视锥细胞能够对不同范围的可见光做出反应。

我们的视网膜上存在红、绿、蓝三种锥状细胞，它们共同形成我们的色觉。在弱光下，锥状细胞关闭，我们只能看到杆状细胞提供的黑白图像。

"暗夜里所有猫都是灰色的。"①这句谚语是有科学依据的。

光感受器是一种非常特别的细胞。它们有一个外部的色素区、一个核区和一个与视网膜神经元接触的突触前区。

---

① 俄罗斯谚语，指在某些情况下，不同的人或事物可能看起来很相似。用来形容很难或不可能区分、评价某些事物的情况，尤其是在信息不足的情况下。——译者注

外部区域包含膜盘和褶皱，其表面聚集着感光色素：视杆细胞的视紫红质和视锥细胞的视紫蓝质。

每只眼睛的视网膜上都有视神经，其中包含约100万根轴突。在进入中脑之前，两条视神经汇聚。每条神经大约有一半的纤维汇入相邻的神经，其余的则进入各自一侧大脑的视觉中枢。

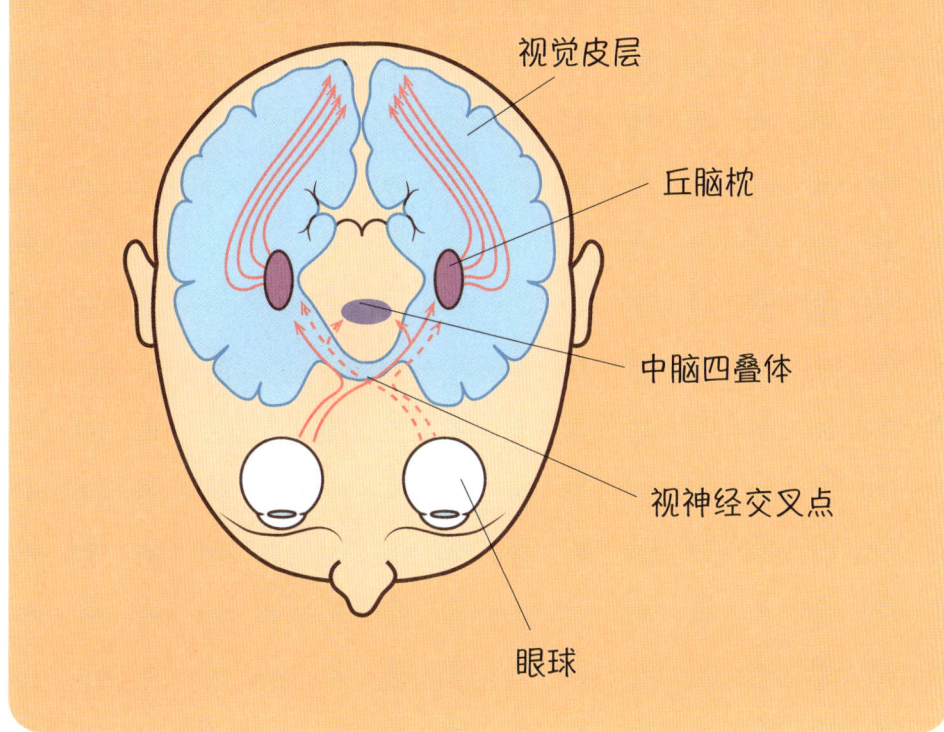

视神经交叉图

- 视觉皮层
- 丘脑枕
- 中脑四叠体
- 视神经交叉点
- 眼球

　　这样，视觉中枢就可以同时接收来自两只眼睛的信息。两只眼睛之间存在一定距离，所以在视网膜上接收到的物体图像略有不同。结合这些图像，大脑就能形成物体的三维图像。这种效果叫作双眼视觉。

　　视觉信息由位于大脑半球顶枕部的中脑四叠体上部、下丘脑、丘脑和视觉皮层共同分析。

听觉系统和平衡系统

听觉系统对声音做出反应。我们能听到的周围环境的声波频率在20～20000赫兹之间。声音信号先由外耳接收,外耳由耳廓和外耳道组成。

标准音高"LA"的频率是440赫兹。

低音提琴和手风琴的最低音约为30赫兹，小提琴的最高音约为5000赫兹。

中耳位于外耳道后方，由鼓膜和听小骨系统组成。

鼓膜是一层有弹性的膜，将外耳道和中耳隔开，构成中耳的外壁。

耳朵的主要结构

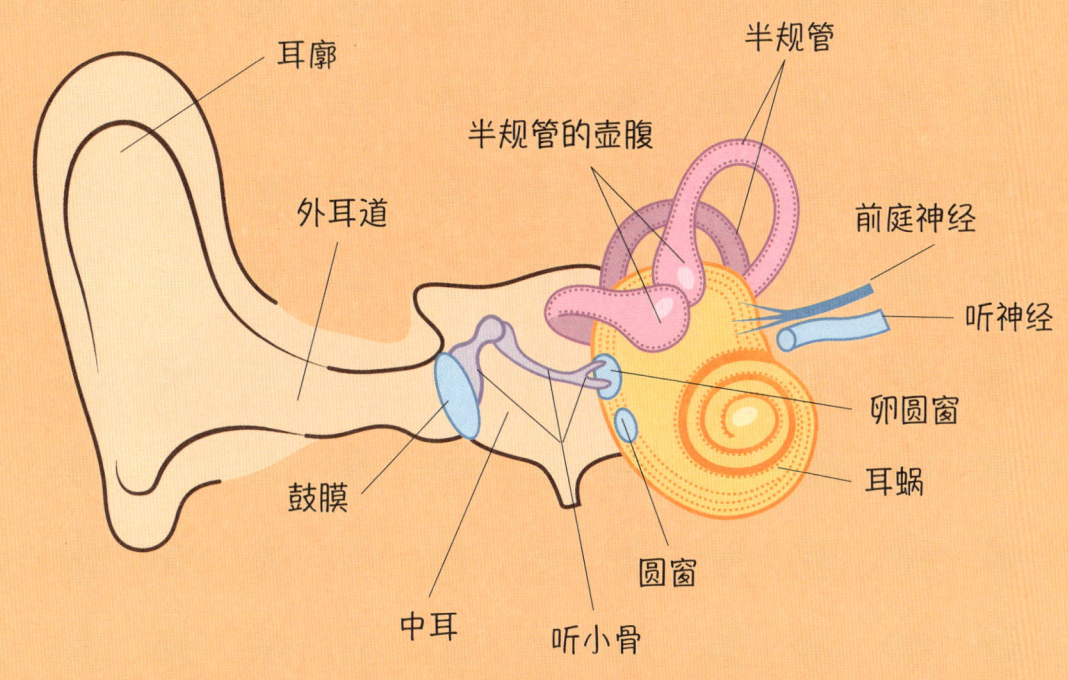

在鼓膜内部，三个听小骨直接或间接与鼓膜相邻：锤骨直接与鼓膜接触，其次是砧（zhēn）骨和镫骨。声音以声波的方式振动鼓膜，听小骨通过杠杆原理将振动传递到内耳。镫骨与内耳壁接触的区域是卵圆窗（椭圆窗）。

　　咽鼓管一端连通咽部，另一端连通鼓室，可以平衡鼓膜内外的气压，使鼓膜正常工作。

　　内耳分为听觉部分和前庭部分。听觉部分以**耳蜗**为代表，这是一个螺旋形的圆锥体，里面充满淋巴液，被纵向排列的薄膜分成三个耳道。

耳蜗的结构及耳道的横截面

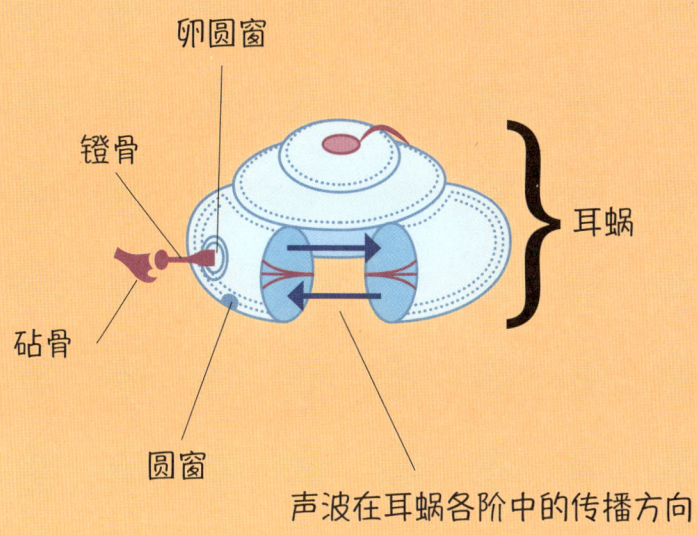

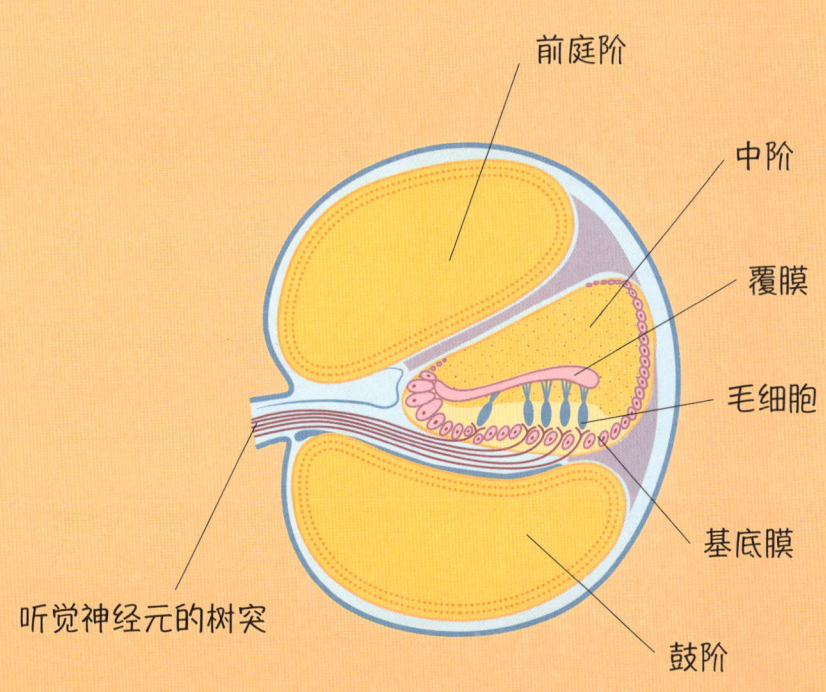

卵圆窗的振动会引起耳蜗内淋巴液的振动，接着引起携带机械波刺激感受器的毛细胞的振动。毛细胞是一种特殊的感觉细胞。

在振动过程中，感受器上的纤毛与覆盖在上面的上层结构接触。纤毛弯曲并刺激感受器，产生信号，然后通过前庭神经把信号传入大脑。

在分析听觉信息的过程中，延髓和脑桥的核团、中脑四叠体的下部、丘脑的后部都参与其中。分析耳蜗信号的最高中心是位于颞叶的听觉皮层。

内耳的前庭部分由前庭和半规管系统组成。前庭内有两个囊，内含听觉感受器——毛细胞。身体做直线运动（从左到右、从后到前等）时，前庭囊中的碳酸钙晶体会使毛细胞中的纤毛发生偏转。

半规管排列在三个相互垂直的平面上。每条半规管的底部都有一个膨大部分，被称为壶腹，其中也含有毛细胞，对身体的旋转和转动做出反应。半圆管的壶腹中含有一种特殊的胶状物质，旋转时胶状物质会移动，从而导致毛细胞中的纤毛弯曲。

前庭和半规管感受器的结构

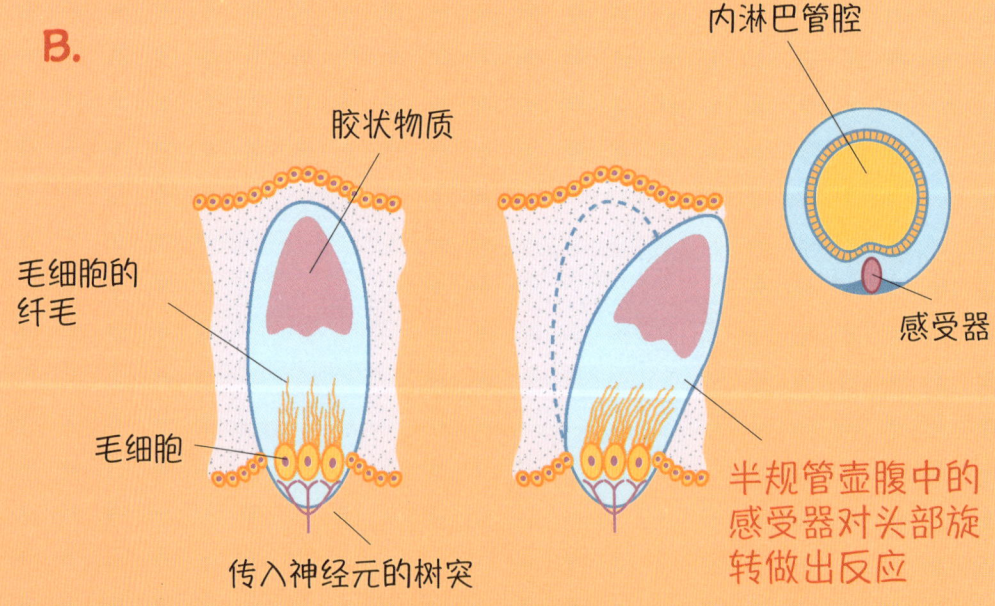

多亏了前庭系统，我们才能在闭着眼睛休息时仍能感觉到火车开动、加速、转弯和刹车。

前庭接收的信息对控制运动至关重要，神经系统中与运动相关的所有部分，即脊髓、中脑、小脑和大脑皮层都能收到前庭的信息。

味觉系统

人类的味觉系统负责判断食物是否适合食用。这一功能主要是通过舌头上的**化学感受器**来实现的,其次是口腔壁上的化学感受器。

鱼类的味觉感受器在整个身体的鳞片下面。这意味着鱼类可以用尾巴、身体两侧和背部"品尝"食物。现在你知道为什么钓鱼的时候鱼饵能把鱼吸引过来了吧。

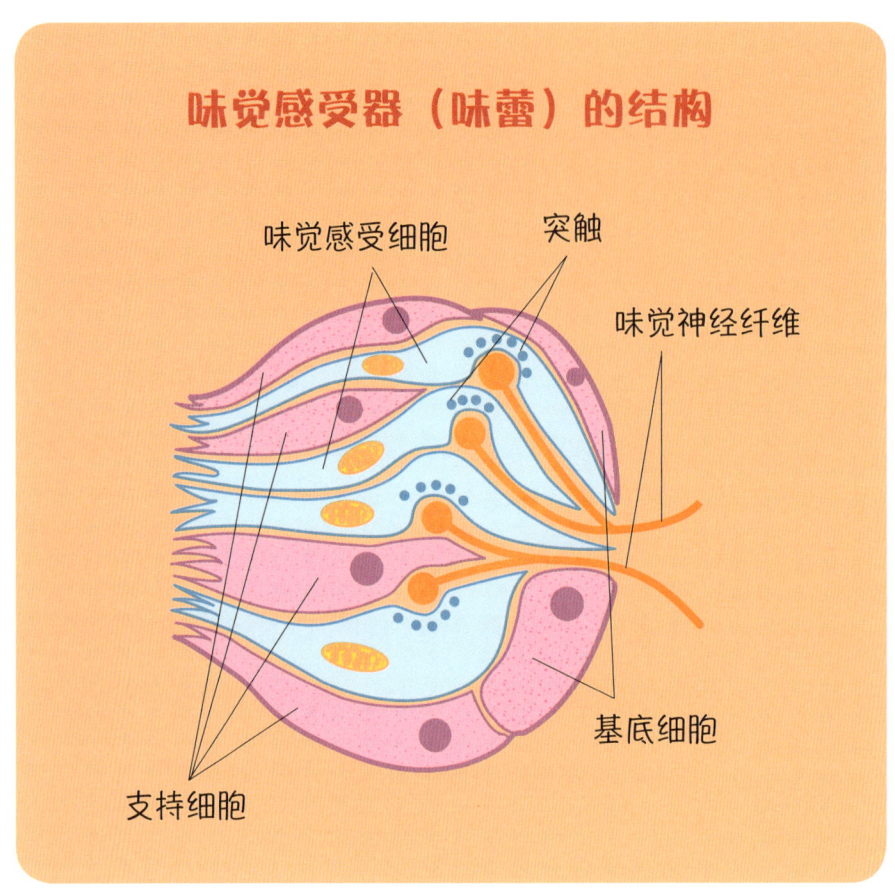

能对某些化学物质产生反应的感受器细胞在人的舌头上聚集成群,被称为味蕾或味觉感受器。

味蕾嵌在舌黏膜上皮中,通过味孔与口腔相通。感受器细胞的外表面有许多绒毛,增加了与食物的接触面积。

味觉神经纤维从感受器细胞出发，将信号传给大脑。味蕾也位于舌头表面的特殊突起——舌乳头上。在舌头的不同部位，**舌乳头**的形状各不相同。有菌状、叶状和轮廓乳头。

不同类型的味蕾

菌状乳头

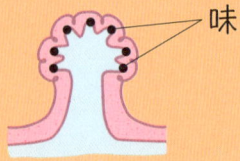
味蕾

叶状乳头

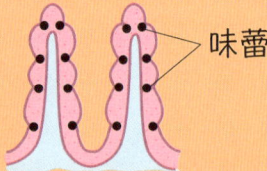
味蕾

轮廓乳头

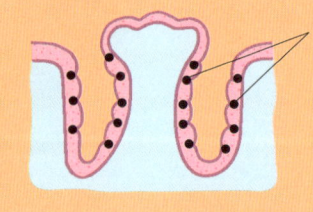
味蕾

味蕾有几种类型，能对不同类别的化学物质做出反应，形成不同的味觉。

甜味

第一种味蕾对葡萄糖、果糖、蔗糖和类似的化学分子做出反应。

酸味

第二种味蕾对氢离子做出反应，参与酸味的形成。

蛋白质的"肉"味

第三种味蕾对谷氨酸做出反应。谷氨酸是食物蛋白质中的一种氨基酸。

咸味

第四种味蕾对食盐做出反应，产生咸味。

苦味

第五种味蕾由植物毒素激发。

每个人都有这五种不同的味觉受体。这就是为什么同样的食物有的人觉得好吃，有的人却觉得不好吃。因此，"众口难调"这个成语是有生理依据的。

从味觉系统的角度来看，人类的所有食物都可以分为"可食用"和"不可食用"两种。

"可食用"的食物会引起甜味和肉味感受器的兴奋，"不可食用"的食物则会引起苦味感受器的兴奋。咸味或酸味过多也能引起相应感受器的兴奋。在延髓和脑桥中，"可食用"的食物会让人产生流口水、咀嚼和吞咽等反射，而"不可食用"的食物则会引发防御反射，如反胃和呕吐。

携带食物味道的信息从延髓和脑桥进入下丘脑（涉及食物偏好和情绪体验），再通过下丘脑进入味觉皮层，在这里形成最终的味觉。味觉皮层位于大脑皮层岛叶的前脑岛。

嗅觉系统

你可能已经注意到,气味有时会让人印象深刻,它们会产生一系列的记忆和图像,唤起各种联想。这并非巧合,因为嗅觉系统被认为是进化过程中最古老的系统,与之相关的情感和记忆非常稳定且十分重要。

我们的嗅觉系统会对随吸入的空气进入鼻腔的化学物质做出反应。与味觉系统相比，嗅觉受体的种类要多得多。人类的嗅觉感受器有大约400种。因此，我们能闻到花香味、腐臭味、樟脑味、焦油味等众多气味。

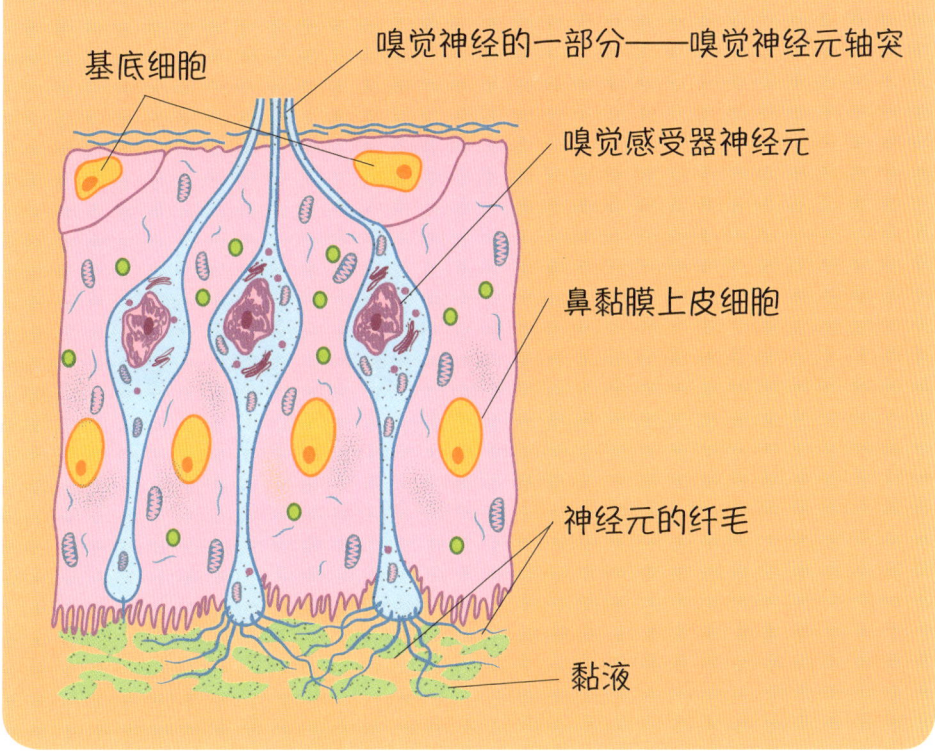

嗅细胞的结构

嗅觉感受器位于鼻腔上部，是一群外侧带有纤毛的神经元。化学分子随着气流进入鼻腔，溶解在鼻腔黏液中，然后被纤毛捕捉，于是我们闻到了气味。

嗅觉神经元的轴突共同组成了嗅觉神经。神经纤维通过筛板的孔到达大脑，最后到达嗅球。嗅球位于大脑半球的下表面，信号从嗅球的神经元传导至下丘脑和大脑皮层的高级嗅觉中枢。它们位于大脑半球的内表面，在那里形成了复杂多样的嗅觉图像。

触觉——肌肉骨骼的感觉

触觉由皮肤感受器产生。这些感受器的结构各不相同,大部分都位于皮肤不同层的神经末梢。这些末梢一部分是裸露的,另一部分则被结缔组织被囊所包围。触觉感受器可能与毛囊有关。

参与触觉形成的感受器属于**机械感受器**,也就是说,它们接收的刺激是不同类型的机械动作。

默克尔细胞是一种特殊的机械感觉细胞,通过突触与神经末梢相连,位于皮肤的表皮层附近,能对压力做出反应,也被称为**默克尔小体**。

位于皮肤深层（真皮层）的神经末梢被包裹在单层被囊中，对拉伸有反应，被称为**球状小体**。

触觉细胞——**麦氏小体**对触觉有反应，它们是围绕着辅助细胞的神经末梢，本身也被结缔组织的单层被囊所包围。这些细胞位于表皮层和皮肤的交界处，靠近皮肤表面。

片状的**帕氏小体**位于皮肤深层的脂肪纤维中，对振动有反应。它们是感觉神经末梢，被多层结缔组织被囊所包围。

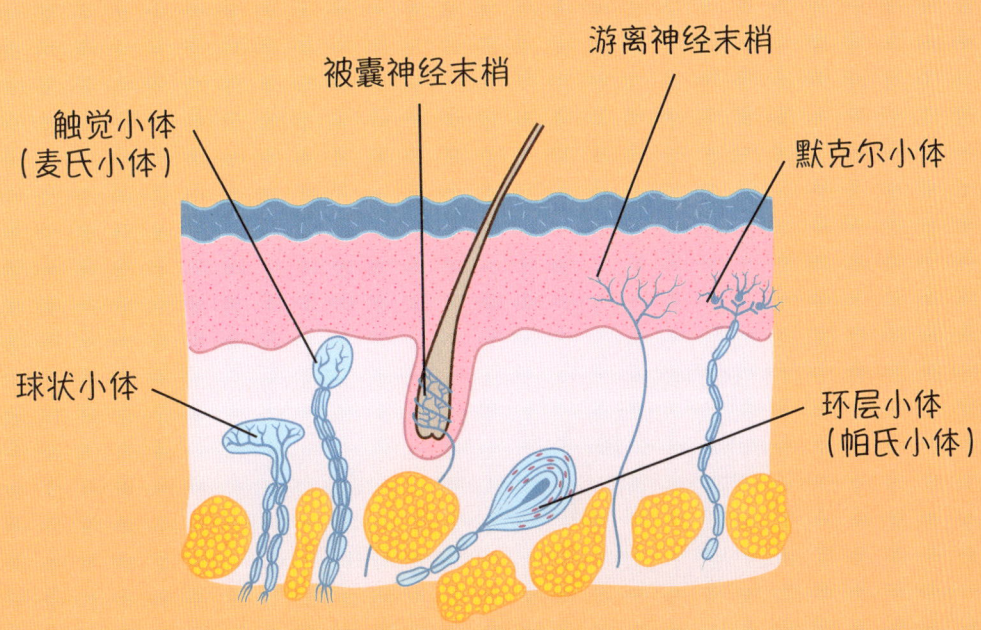

皮肤感受器

除了这些感受器外,皮肤中还有其他触觉感受器,它们是由感觉神经末梢组成的网络,编织在毛囊中。

最简单的皮肤感受器是位于皮下组织的裸露神经末梢,它没有额外的附属结构。这种感受器对冷、热、痛都有反应。

皮肤感受器和肌肉感受器(肌梭和高尔基腱器官)相结合,可以获得被触摸物体及自身在空间中位置的完整信息。

痛觉系统

讨论主要的"传统"感觉器官的结构和工作时,我们并没有提到疼痛这种我们熟悉的感觉,因为没有人喜欢疼痛。疼痛产生于不同的环境中,会对身体组织造成损害或产生损害的威胁。

这使疼痛有别于其他感觉,因为其他感觉的感受器会根据特定的刺激(如光感受器和光,味觉、嗅觉和化学分子,触觉和机械影响等)进行调整。

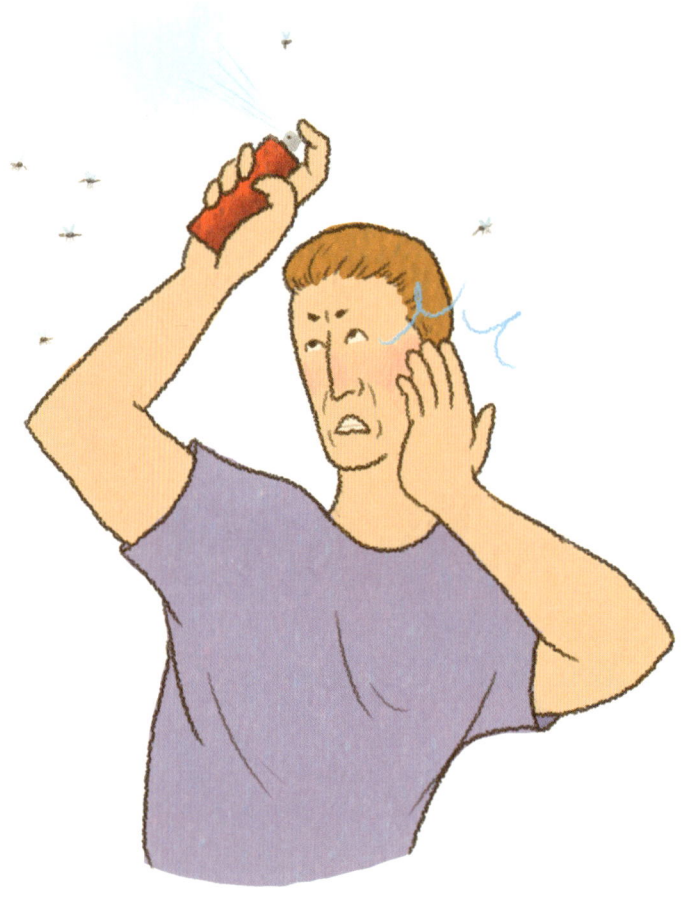

鉴于这种特性，科学家给痛觉感受器取了一个特殊的名字——**伤害感受器**。疼痛感受被叫作**伤害性感受**。

生理学家将疼痛分为三种类型：浅表疼痛、深部疼痛和内脏性疼痛。

浅表疼痛与皮肤和黏膜感受器受到刺激有关，比如蚊虫叮咬、瘀青和擦伤引起的疼痛。

深部疼痛是由骨骼、关节和肌肉中的感受器受到刺激引起的，例如牙痛、扭伤引起的疼痛、神经根炎和肌肉发炎。

内脏性疼痛又叫器官性疼痛，是内脏器官的感受器受刺激时产生的疼痛。这类疼痛包括心痛、胸痛、胃痛和肾绞痛。

人体疼痛是一种信号，它会告诉我们的高级中枢，某处的细胞组织受到了损伤。如果身体受到某种损害，我们就必须放弃所有其他活动，拿出必要的时间和精力来解决问题。这就是痛觉感受器不仅存在于皮肤表面，而是遍布全身的原因。

疼痛会引起大脑对自身的注意，影响高级心理过程。

疼痛不仅是一种感觉信号，还会引发强烈的负面情绪，进而转化为恐惧和焦虑。

随着年龄的增长，人会逐渐学会控制自己对疼痛的反应。

例如，小朋友非常害怕从手指上抽血，因为他不明白这样做的原因，只知道这样很疼。

成年人可能不会太在意打针带来的疼痛，因为他们能意识到通过这个过程可以获得自己身体状况的必要信息。

痛觉感受器发出的信号会从疼痛发生的位置传递到大脑和脊髓的各个中心。这些信号使大脑注意到免疫系统正在努力解决问题，并可能需要帮助。

大脑能够在行为层面上帮助免疫系统。假设你从自行车上跌倒并摔伤了膝盖，你知道自己需要用冷的东西敷一下，包扎伤口以防发炎。

疼痛信号也可以通过"传统"感觉的感受器传递，如视觉、听觉、触觉等。

刺激信号达到危险的程度时，这些感受器就会变成痛觉感受器。

强光（电焊光、闪光灯）会导致眼睛流泪和疼痛。巨响（枪声、雷声）会让耳朵疼痛。这些情况与眼睛挨了一拳头或耳朵受冻引起的疼痛不同，后者只是一种浅表疼痛。

疼痛感受器是感觉神经元的神经末梢，它遍布全身，紧靠皮肤，位于表皮和真皮的交界处。受损细胞通过一种叫组胺的化学介质向疼痛感受器反映它们遇到的"困难"。

痛觉的感觉神经元细胞体位于敏感神经节内。它们的树突遍布全身，轴突进入脊髓灰质后角。疼痛信号可以触发脊髓反射或者传入大脑。在大脑中，信号沿着丘脑，从丘脑进入负责肌肉骨骼敏感性的皮质区域。此外，疼痛信号还会传到杏仁核，该区域负责控制随疼痛而产生的情绪。

丘脑是疼痛信号进一步传递到大脑半球皮层的必经之路。在大脑皮层中，神经元处理来自身体不同部位的疼痛信号。它们会识别疼痛的类型，并将这一信息传递给额叶，额叶则会产生一系列反应来处理疼痛的来源。

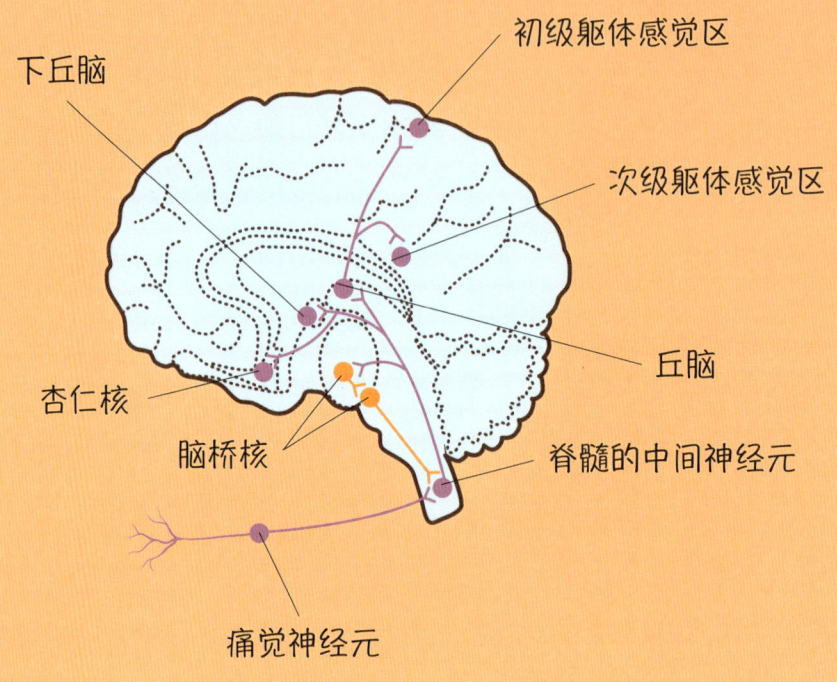

痛觉感受器的信号在大脑各结构中的传导方式之一

  疼痛信号还会传递到下丘脑和脑桥，前者对内脏疼痛做出反应，后者则对引起疼痛的刺激做出运动反应，并将轴突的信号送回脊髓，从而抑制慢性疼痛。

  下丘脑能形成对疼痛的情绪感知，以及因强烈疼痛信号而产生的负面情绪。杏仁核也配合下丘脑发挥作用。

疼痛是一个无法关闭的信号系统。你可以闭上眼睛不再看令人不快的东西，可以堵住耳朵避免听到恼人的声音，但你无法靠意志力停止感受疼痛。

正如我们所说，疼痛不仅在生理上让我们感到不舒服，在情感上也是如此。由于这种特殊性，人们不仅将疼痛称为身体上的伤害，还称为情感上的打击。你经常会听到精神痛苦、与亲人离别的痛苦……所有这些都是我们的大脑对某些事件的反应。

结语

我们对神经系统结构的了解到这里就结束了。我们来回忆并总结学习到的知识吧。

神经系统与内分泌系统和免疫系统一样调节我们的身体。

但它的独特之处在于由专门的细胞——神经元及其突起，传递特殊的信号。这些信号以极快的速度穿过细胞膜。信号通过特殊的中间物质——介质，从一个神经元传递到另一个神经元，并传递到肌肉和腺体。传递信号的接头点叫作突触。

在突触的帮助下，神经元形成了神经元链。神经元链使生物体能够对感觉神经元感受到的信息做出反应，这些反应被称为反射，而神经元链本身则被称为反射弧。神经系统活动的基本方式是通过"反射"来实现的。

神经系统具有多层次的组织结构。

第一级是各个器官附近的神经元群——神经节。它们负责内脏器官最简单的反射。

下一级是脊髓,它负责许多先天性反射,如弯曲和伸展肌肉。

最后,最复杂的反射是在大脑的神经网络中实现的,它包含了整个机体的大部分神经组织。

大脑是相当聪明的，但在它内部有一个最聪明的部门——大脑皮层。这里有所有感官的授权代表：视觉、听觉、味觉、嗅觉和触觉。

感觉器官都有感受器。它们会对光或声音等各种刺激做出反应，产生电信号并传送到中枢神经系统。经过精密处理后，信号到达大脑半球的皮层，然后形成感觉，从而让大脑产生连贯的图像。

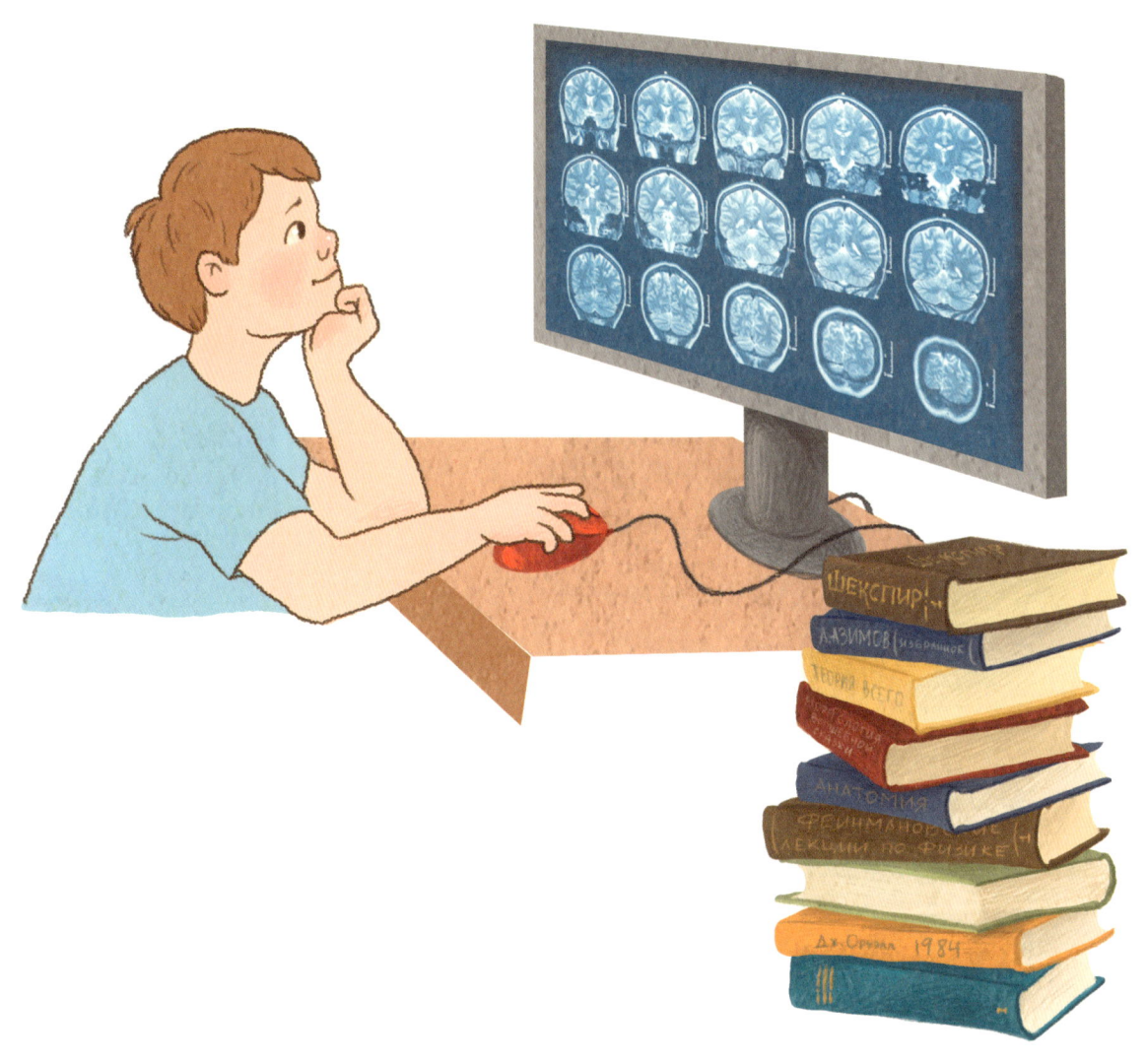

根据我们学到的这些知识，可以得出一个重要的结论：我们看到的、听到的、品尝到的、触摸到的、学习到的和记忆的东西越多，我们为大脑提供的思考素材也就越多。而人与动物的区别恰恰就在于发达并积极工作的大脑。

因此，对新事物感兴趣，对知识"如饥似渴"，还有大量阅读，都是非常重要的。只有这样，才能成为一个全面发展的人，不停探索世界的多样性。我们已经向你介绍了人类——也包括你自己——是如何"工作"的。有了这些知识，你就可以独自踏上任何"旅程"，发现更多不可思议的事物。

　　现在到了说再见的时候了，祝你在科学和创造方面好运。谁知道呢，也许我们再次相见时，你已经成了一名伟大的科学家或作家——一切都掌握在你的手中。

图书在版编目（CIP）数据

认识我们的身体. 神奇的大脑与神经 /（俄罗斯）维亚切斯拉夫·杜贝宁,（俄罗斯）伊戈尔·谢尔盖耶夫著；（俄罗斯）佩尔什娜绘；代天骄译. -- 北京：中国画报出版社, 2024.11. -- ISBN 978-7-5146-2312-3

Ⅰ. Z228.1；R3-49

中国国家版本馆CIP数据核字第2024U6X018号

北京市版权局著作权合同登记号：图字01-2024-3056

© text by Vyacheslav Dubinin, Igor Sergeev
© illustrations by Aliona Pershina
This edition is published by arrangement with AST Publishers Ltd, Russia.
The simplified Chinese translation rights arranged through Rightol Media
（本书中文简体版权经由锐拓传媒旗下小锐取得Email:copyright@rightol.com）

认识我们的身体. 神奇的大脑与神经

[俄]维亚切斯拉夫·杜贝宁　[俄]伊戈尔·谢尔盖耶夫　著　[俄]佩尔什娜　绘　代天骄　译

出 版 人：方允仲
策划编辑：李聚慧
责任编辑：李聚慧
内文排版：赵艳超
责任印制：焦　洋

出版发行：中国画报出版社
地　　址：中国北京市海淀区车公庄西路33号　邮编：100048
发 行 部：010-88417418　010-68414683（传真）
总编室兼传真：010-88417359　版权部：010-88417359

开　　本：16开（787mm×1092mm）
印　　张：11.875
字　　数：60千字
版　　次：2024年11月第1版　2024年11月第1次印刷
印　　刷：北京汇瑞嘉合文化发展有限公司
书　　号：ISBN 978-7-5146-2312-3
定　　价：78.00元